朱天衣創意玩作文有聲書 1

享受與文字玩遊戲的快樂

朱天衣 著

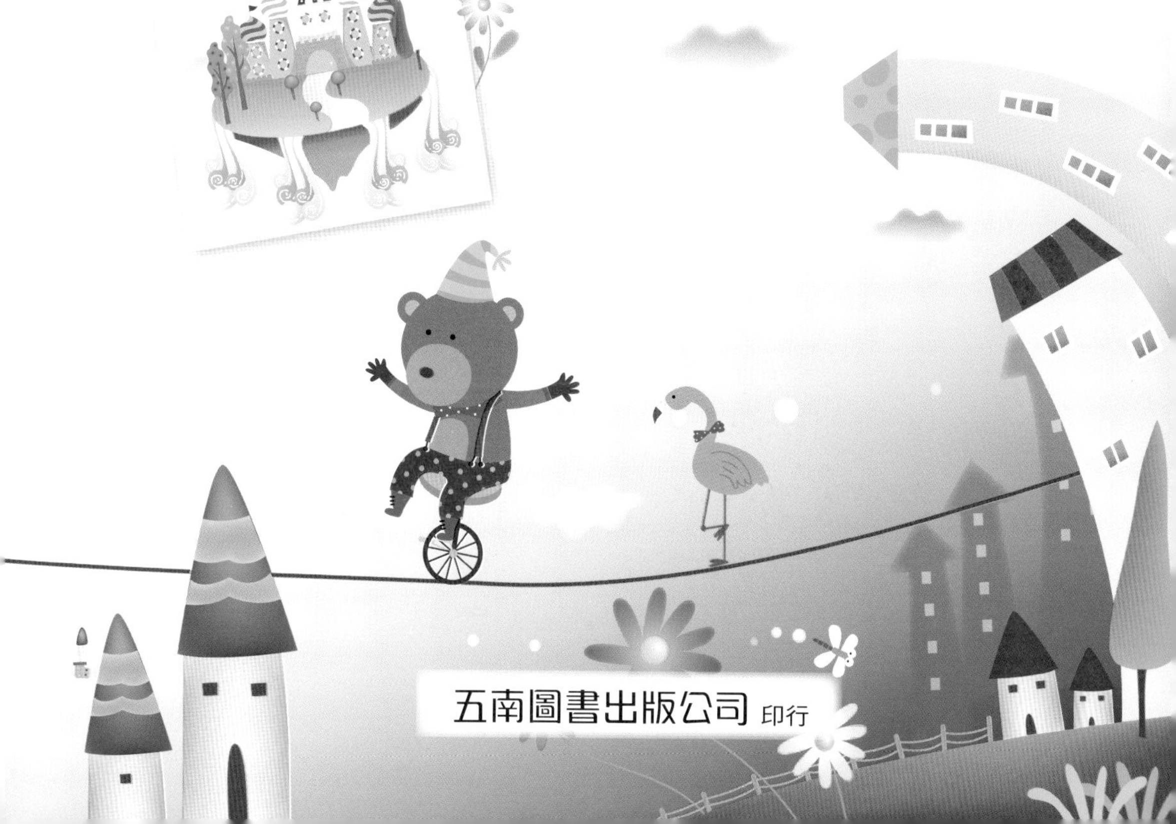

五南圖書出版公司 印行

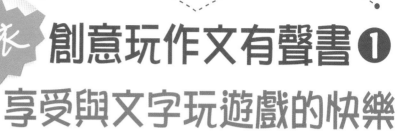

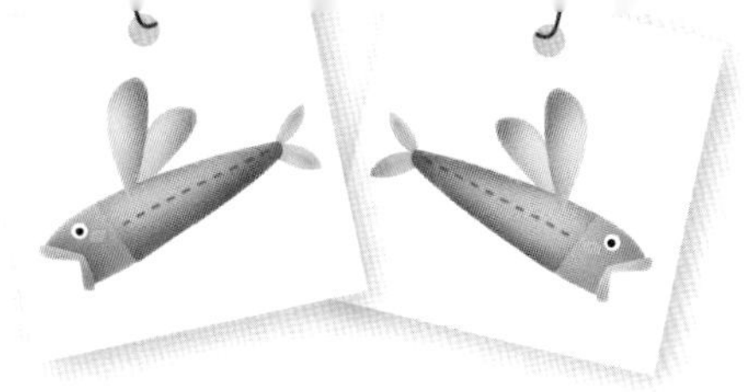

序　寫作是一件自然好玩的事

一個人只要會說話又認識字，就應該會寫作，或者也可以這麼說，寫作就像說話一樣，只不過寫作所使用的是文字而已。可是為甚麼大家都很怕寫文章呢？不光是小孩，連大人都怕呢！不信的話，你可以看看爸爸、媽媽寫報告時的煩惱便明白了。

如果文章是功課、寫來是要給人看的，還關係到比賽或考試，那真的就輕鬆不起來，但若是自己主動想寫，甚至是針對某個話題，想表達自己的想法時，寫作便成了我們抒發的管道，不必人催逼，不吐不快的自然就能完成一篇佳作。心情札記如此，告白信、情書也是如此。當然老師在課堂上出的某個習作，正好你有類似的經驗，那麼就是你發揮的機會了。

所以常有人問，我是如何教作文的，我總會說，寫作是每個人與生俱來的能力，是不需要教的，我在課堂上所扮演的角色，只是做一個引導，或者說，我只是在營造一種氛圍，讓孩子們進入當天要書寫的主題的情境中，

以經驗分享的方式，勾起孩子寫作的欲望，從而主動歡喜的寫下自己的所思所想。

常常又有人會問我，要如何才能讓自己寫出一篇好文章，我的答案是「閱讀」，因為當我們在看別人的作品時，常會勾起我們書寫的衝動，同樣一件事，同樣的經驗，別人是這麼感覺的，別人是這麼描繪的，那麼換作是自己，又會如何闡述表達呢？此外我們也會不自覺的受一些作家的寫作風格影響，他的文筆，他的敘事技巧，可能在我們初學寫作時，難免成為我們仿傚的對象，這是沒有關係的，隨著我們讀得越多、寫得越多，漸漸就會掙脫這些影響，從而找到屬於自己的風格。

而且閱讀不僅能提升寫作能力，還可以增強我們的學習力，也就是說，可以使我們學習任何科目、任何事情，都變得容易許多，簡單說，閱讀可以讓我們變得更聰明呦！

還有要寫出動人的文章，要多發揮自己的感官，多接觸真實的

世界，若只是一天到晚「宅」在家裡看電視、玩電腦，又如何細膩生動的描繪出人事物呢？一個對周遭環境無感的人，連春夏秋冬時令變遷都不知道，要如何敘述這世界的奧妙？一個連家人同學都不想搭理的人，怎能冀望他寫出深情款款的文字來？而不屑理會身邊的動物、蟲蟲、樹木、花草的人，又如何期待他能為生命的存在讚嘆呢？

所以寫作並不難，多讀多寫，像武林高手多練功即可，但是真正要寫出動人的文章，就請你多和真實世界接觸，並且時時走入大自然中，與各式各樣的生命來場邂逅吧！

米天衣

目錄

遊戲讀本

作文讀本

1.和書中人物作朋友

閱讀是一件很開心、很滿足的事，透過一本一本的書籍，我們彷彿走入了不同的世界，隨著作者的生花妙筆，我們體驗了各式各樣的人生，更獲得了無窮的知識寶藏。當然閱讀的好處還不止於此，它能提升我們的學習力，簡單說，就是可以讓我們的成績進步，因為閱讀會讓注意力集中、思考力啟動、想像力澎湃……，它的好處太多了，花一堂課的時間都說不完，以後有機會，我們再來好好談談閱讀吧！

今天我們先從自己看過的書談起吧！在所有的書中一定不能少的便是人物，即便牠是個動物，多半時候也會以擬人化的方式出現，像許多的寓言故事就是如此，至於像孫悟空是人

是猴就更難說得清了，但沒關係，今天我們書寫的對象，不必管他是人是物，是虛擬的或真實存在過的，只要他曾出現在書中，我們都可以和他作朋友。

首先，我們可以先挑一本自己讀過的書，再從其中挑選一個自己喜歡或特別的人物，就拿這幾年最火紅的「哈利波特」為例吧！書中最引人矚目的當然就是『哈利波特』了，你會想和他作朋友嗎？和他作朋友的好處不少，可以和他一起遨遊在魔法的奇幻世界裡，自然是有趣得不得了，但風險也不小，因為你很可能就必須和他一起對抗邪惡無比的『佛地魔』了，就像書中另外兩個很重要的角色『妙麗』與『榮恩』。或者你也可以選『妙麗』為好友，因為她對

朋友很真誠，而且又漂亮又聰明，甚麼咒語都背得滾瓜爛熟，遇到危險時，總能想出解決的辦法，和她作朋友真是太棒了。

如果是我，我會選擇書中的『海格』為友，第一個原因是，他喜歡養各式各樣的怪動物，像噴火龍、大蜘蛛、鷹馬、三頭狗，都是我的最愛；另一個原因則是有一次上課，我站在講臺上寫黑板，原本就長得很高大的我，那天穿著一襲黑大衣，足蹬長統馬靴，一頭的長鬈髮，突然就聽到後面的學生驚呼：「好像『海格』唷！」還好只是背影像！所以朱老師不僅能和「海格」作朋友，說不定還能作他的妹妹呢！當然，其他的人物也是你可以選擇的，包括『鄧不利多』、『史內卜』、『麥教授』、『家庭小精靈』，或者你想直接投靠黑暗勢力、和『佛地魔』作朋友？那你的心臟一定要很強才行。

如果是「三國演義」，你又會選誰作朋友呢？桃園三結義的『劉備』、『關羽』、『張飛』？他們三人可是把友情看得比生命還重喔！若和他們作朋友，在馳騁戰場出生入死時，他們就算肝腦塗地也會拔刀相助的，還有，你會不會很好奇美髯公『關羽』真的是赤紅著一張臉嗎？他的青龍偃月刀和赤兔馬真的有如此神力嗎？成為他的朋友便可知端倪了。如果你不太想在戰場上廝殺，那也可以選擇和『諸葛孔明』作朋友，看看

他的神機妙算是不是真的那麼神準，說不定，還可以學得一招半式的成為『諸葛再世』呢！

而所有「三國演義」中的人物，其實我最喜歡的是趙雲，他曾在長坂坡一役，懷抱劉備的稚子阿斗，單槍匹馬殺出敵陣，這便證明了他是一名不可多得的戰將，而且他除了武功超群，心志也很成熟，不會耽溺在兄弟情誼裡不可自拔，像劉備、關羽、張飛三人感情深厚固然是好，但最後他們似乎忘了當初

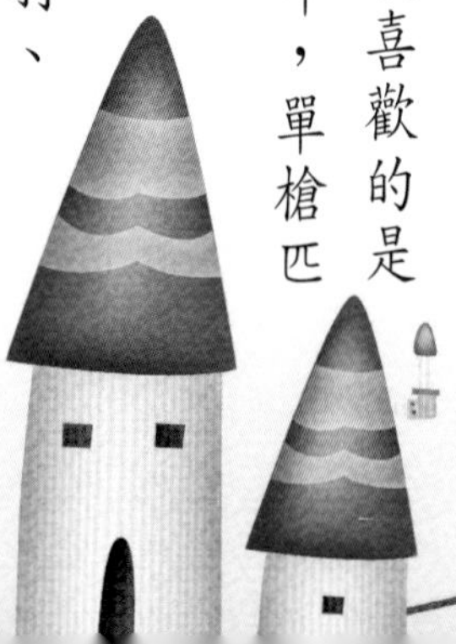

結義是為了甚麼了，一切只以為彼此報仇為重，其他的事都擺到一邊了，這讓我每次讀到「三國演義」後半段的時候，都嘆息不已。所以，要我選擇，我應該會想和趙雲成為君子之交的朋友。

至於『金庸』的武俠世界，更是有太多人物可供選擇，『郭靖』、『黃蓉』、『張無忌』、『小龍女』、『韋小寶』……，每一個人物都奇特得不得了，而且最重要的是，除了『韋小寶』以外，每個人都武功蓋世，和他們在一起真是與有榮焉，不過，我是不太想和『黃蓉』作朋友，因為她太精明了，會顯得自己很笨；而『小龍女』呢？她似乎太不食人間煙火了，這也會顯得自己太粗俗不堪了，所以呀！還是和那些大俠作朋友比較合適，畢竟金庸筆下的男子豪傑都比較憨厚，作他們的朋

友比較輕鬆愉快。

當然也別忘了前面提過的『孫悟空』，乃至『哪吒』、『海龍王』、『二郎神』、『濟公』……這些常出現在章回小說中的傳奇人物，當他們的朋友，還可藉機進入光怪陸離的神話世界，說不定還可以和他們駕起觔斗雲和風火輪，到天宮去遨遊一番，看看是不是真的有玉帝當朝，那西天王母娘娘的盛宴都擺設了甚麼，而我最好奇的是那蟠桃長得甚麼模樣，它的滋味會比日本水蜜桃還誘人嗎？哇！一想到這兒，我早已垂涎三尺了。

童話故事中的『小美人魚』、『快樂王子』、『白雪公主』、『灰姑娘』、『阿拉丁』……，也都是可以交朋友的對象，而目前最夯的『波西傑克森』、『貓戰士』，以及「暮光之城」系列中的吸血鬼或狼人也都是可以選擇的對象，像我就極喜歡那龐大的毛毛物狼人，如果可以，我真的好想和他們作朋友。

寫這篇文章時，一開始還是可以簡單的介紹一下你的新朋友，即便他已是家喻戶曉的人物，但還是可以依你自己的觀點，描述一下他的特色，包括他的外觀、個性、特長及出身背景，接著，就可以告訴大家，他的哪個特質特別吸引你想和他成為朋友；再來第二個部分就可以寫一寫，一旦你們真的成為朋友，你會和他一起做些甚麼事，你會和他一起去冒險？你會一起去闖盪江湖？

如果他是真實的人物，真的曾經在歷史上出現，那麼你就可以陪在他的身邊，和他一起見證歷史，比如你所結交的朋友是「三國演義」中的人物，那麼你就可以和他一起親身體驗「赤壁之戰」的真實情境，看看諸葛孔明與周瑜鬥智，再看看曹操在華容道上真的是狼狽到甚麼地步。

還是你想邀請他來到這個世界？你又會如何招待他？帶他去參觀甚麼？遊玩甚麼？分享甚麼？或介紹他和你的家人、朋友認識……。有太多太多的事是朋友之間可以同甘共苦的，你都可以一一把它書寫出來，千萬要把握這難得的機會，好好和你喜歡的書中人物，共享這奇幻的美好時光唷！

2. 擁抱大自然

朱老師很幸運的住在山林之間，因此總能明顯的感受到季節的遞變，像是這幾日天氣一暖，種在河邊一整排的李花便綻放了，那一叢叢的白色花絮就好像靄靄堆雪似的，綴滿了枝椏，風一吹過，這片片花瓣又好似雪花一般在空中飛舞，而這一株一株的李花間，又夾雜著幾株豔紅的山櫻，紅白相映，好似平劇旦角的粉妝，真箇是賞心悅目，我只要坐在屋裡透過大片的窗，就能看到這動人的美景。

至於河邊另一隅的三大株楓香也已冒出了新芽，棕色的嫩葉像一雙雙嬰兒舒展的手伸向天際；夏天時它們總是著了一身的綠，為酷暑掃去了不少燠熱；秋天則轉為紅褐色，雖比不得北國的楓、火紅燎原到驚心動魄，但也為綠色系的大地增添了些許風采；至於葉片落盡的冬，它們散發的則是一種蕭颯的美，那姿態在寒風中別有一股傲氣。我一樣可以透過臨河整片的窗，日日月月看著這三株楓香以不同的風貌展現在眼前。

住在都會的人們真的很難這麼清楚的感受到季節的遞變，在鄉野一陣風吹過都有不同的感受，這是長時間處在空調中的人們很難想像的，所以我們真的應該要多多親近大自然，不僅有益身心，更能使我們的各種感官都甦醒起來。之前我們談過要寫出一篇精彩生動的文章，一定要有敏銳的感官，而要擁有敏銳的感官，必須是平常就培養訓練的，多到戶外走走，多親近大自然，多瞭解自然環境中的動植物，都能讓我們的感官復甦。

你曾經有過置身在山林中享受森林浴的經驗嗎？樹林所散發出的芬多精是不是有一種特殊的氣息？耳際傳來的蟲鳴鳥啼是如此真實，讓你忍不住想以視覺追尋牠們的蹤跡，而當你真正看到牠們展翅穿梭在林間時，會為自己的闖入感到抱歉？還是好想和牠們一起翱翔在天際？接著就在這山路小徑邊，你會看到各式各樣的植物，有的叫得出名字，有的就算不知道名字也眼熟得很，若你平日便熟讀各種野草或植物圖鑑，那麼就會發現許多看似不起眼的花草，不僅能入菜，還有食療的效果呢！

若再仔細一點觀察，你會發現有好多各式各樣的昆蟲活躍其間，而且這些蟲蟲不僅生得奇形怪狀，有的身上還富有絢麗的色彩，蝴蝶就不用說了，其他像孔雀藍、石榴紅的豆孃，螢光綠的金龜子，紅底黑點或泛金的小瓢蟲……，這些斑斕的小生命，總會讓人驚嘆造物者是從何得來的靈感，能創造出如此美到不可方物的傑作，即便是全身只著了單一色系的螳螂、蚱蜢，也永遠會讓人為那抹翠綠著迷不已。

你或者也曾和家人一起賞過春櫻、狩過秋楓，趁著春末夏初之際，尋訪過「五月雪」油桐花，並在入暮時分順道和螢火蟲打了個照面。有人說螢火蟲是天上的星子來到人間玩耍卻忘了回去，也有人說螢火蟲是提了燈籠的小仙女在為我們照明，而我從

小就很為這些會發光的小精靈苦惱不已，牠們一到晚上便像霓虹燈般閃爍，但牠們的電池用完了怎麼辦呢？要到哪兒充電呢？後來我只能想像，每當白晝來臨時，牠們一定是攀到了樹梢去吸取太陽的能量，儲備牠當天夜晚所需的電源，那時還沒有太陽能的運用，但從螢火蟲身上，我已先見之明的預知了太陽能的存在了。

你呢？當你看到那一明一滅的螢火閃爍在夜幕裡時，又勾起了你甚麼樣的想像呢？不過，要記得，當我們在親近這些小精靈時，只能做一個觀賞者，千萬別捕捉牠們、傷害牠們呦！

而當你看著一朵朵旋轉飄落的油桐花，又為你帶來甚麼樣的靈感？除了像雪花飄落，是不是也會讓你聯想到那穿著白紗的芭蕾舞孃，正迴旋著從天而降呢？當你拾起一朵朵雪白的花絮，用野草莖串起來，是不是又成了美得不得了的手環？所以走入大自然不僅使我們的感官靈敏，還能觸動啟發我們的想像力呀！

當然從書本、電腦、電視中，我們一樣可以汲取許多自然生物方面的知識，要寫報告或遊記時，也隨時可從上述管道中取得所需的資訊，但是這樣的報告會精彩嗎？這樣的文章會生動嗎？即便只是寫景，也可以是動人的，可以讓人有身歷其境的感受，如果連你自己都不曾真實的探訪過那地方那景致，就算用多麼華麗的詞藻堆砌，多麼豐富的資料填補，都不可能寫得出置身其中真正的感動。

有一年春天，朱老師曾經和全家人走訪過日本，半個月的尋櫻之旅，我看到櫻從花苞徐徐綻放，直至蔚成一片如雲似霞的花海，我所投宿的旅舍，庭院裡便是一株綴滿粉霞的櫻，住在三樓的我，一拉開窗，那櫻花便跌進了屋裡，每當我晨起泡茶時，都會在杯裡點綴幾朵櫻，是為櫻花茶，也會為同行的小外甥女煮白煮

蛋當早餐時，撒上幾朵櫻，是為櫻花蛋，當我們走在河畔為兩岸的櫻海讚嘆不已時，這小女娃卻大口大口吃著櫻花，也許眼前不可方物的美景，對她來說，只有把它吃下肚，才是最大的禮敬吧！

櫻花開到極盛時，日本人便會聚集在公園席地而坐的享受這櫻的饗宴，或飲酒或吟唱，甚至隨著旋律舞動起來，那因酒醉而略顯蹣跚的舞步，在月夜花影下，真箇是我歌月徘徊、我舞影凌亂呀！

而當櫻花一瓣瓣謝落、隨風飄散時，置身其中的我惆悵得只想落淚，雖然我知道隔年春暖花會再度綻放，但陪我一起賞櫻的親人，下次還能再聚首同遊嗎？美到極至的景物總會令我們情緒波動，既想讚嘆它的美好，又怕它轉瞬之間便消失得無影無蹤，這時也許我們可以做的是將它描繪書寫下來，一旦化為文字，它便可永遠的被保存下來。

你也有過類此的賞花、狩楓之旅嗎？不見得非要到國外才能看到這樣如夢似幻的景致，在臺灣往山區走走，往海邊行行，一樣可飽覽到各式美不勝收的自然風光，我們身在這有山有水又有海的島國，是多麼的幸運，可能不到一個鐘頭的車程，就可置身在大自然的懷抱中，這不是所有人都能享有的福氣呀！

所以，常去海邊山林野外走走，無目的的閒晃都好，也許偶然間你會尋訪到屬於自己的「桃花源」，為那裡的一草一木深受感動，而當你回到現實世界時，別忘了以文字描述那兒的美，更別忘了記下自己的感動，讓大家都能和你分享這份美好記憶。

3. 三十年後的我

小朋友！你是否算過，三十年後的自己是多大年歲？該已經四十歲左右了吧！也許在你們的眼底，四十歲已是年紀很大的人了，但以臺灣人平均壽命來看，女性是八十多歲，四十歲不過才活到一半而已，而且這年齡正是人生巔峰期，怎麼說呢？走到這階段，人生經歷與智慧多已累積到一個程度，而體能方面又還未衰頹，正是可以大展鴻圖的時刻，若能好好把握這段人生精華，那麼完成自己的理想、夢想，絕對是有可能的。

而且你發現沒？這年紀正和你的父母目前的年齡差不多，有時看著自己的父母，就好像看到了三十年後的自己，是不是如此呢？當然你也可能選擇了一個和父母完全不一樣的人生，首先在家庭生活或感情生活方面，就很有可能會不一樣，畢竟，我們現在身處在一個多元化的社會裡，光就婚姻來說，就可能

有婚與不婚的選擇，這沒有絕對的好或不好，只能說當我們有一天走入婚姻時，它不是一個「HAPPY END」，而是另一段學習的開始，你要學習著如何和另一個生長背景不相同的人生活在一起，你要學習如何做一個父母，學習從被照顧的角色到照顧人的角色，這不是必修的課，卻是修習後能讓人快速成長的課程；如果你從小就很享受獨處，一個人也不覺得孤單寂寞，那麼結不結婚就沒那麼要緊了。

而另一項比較無法選擇的是同性戀者，因為絕大多數的同性戀者是天生的，如果有一天你長大了，確定自己是同性戀者，那麼除了和一般人一樣有追求感情的權利，你也會發現因為沒有孩子需要照顧，所以會多出許多時間和心力，可以去發揮自己的才華，或去關懷弱勢族群，像我認識許多的志工就是如此，他們總能投入更多的精力在公益事務上，每當我看到他們這樣無私無我的奉獻，我都覺得好欽佩。

所以，你發現了嗎？僅僅是感情方面，我們在未

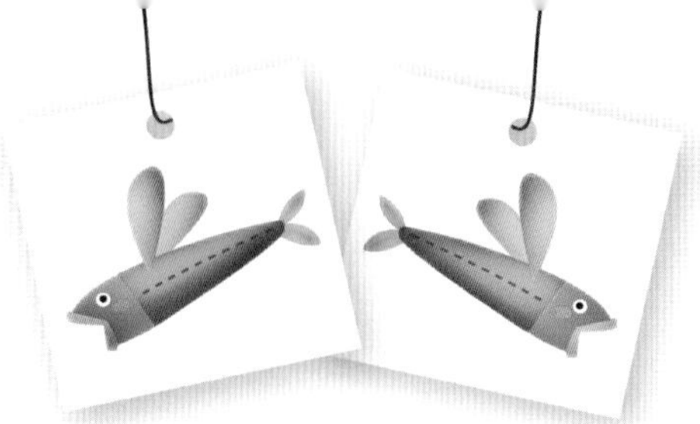

來就有好多的選擇，甚至要不要生養孩子，決定權也在自己，有人也許覺得生孩子、養孩子都是一件辛苦的事，尤其是社會那麼亂，地球環境又在惡化，到底該不該讓另一個生命來到這世間？我也曾這樣擔心過，也許和朱老師想法相同的人並不少，所以臺灣生育率才會降到世界第一，但自從朱老師鼓起勇氣生下一個女兒後，我沒有一秒鐘後悔過，除了她真的很可愛、很貼心外，陪著她成長的過程中，我彷彿又重新活了一次，我好像又讀了一次小學、中學……，又陪著她談了一次戀愛，我的人生好像倒轉又過了一次，因為我的女兒，我的人生變得更豐富，也更深刻了。

當然這是我的選擇，如果你覺得擁有孩子仍是一件很辛苦的事，而決定當一個單身貴族，或當一個結了婚的頂客族都沒關係，但我們是不是就更該回頭感謝那疼我們、愛我們、一點也不怕麻煩的父母呢？

至於談到事業、談到工作，三十年後的你更是有太多的選擇。電腦程式設計師、心理醫師、獸醫師、職業球員、歌手、明星……，這些都是目前最夯的選項，或者也可以選擇比較正常一些的職業，比如老師、警察、醫生、護士、公務人員、軍人……，或比較另類的畫家、作家、舞者、記者、音樂家、飛行員……。

當然我們在選擇未來從事的工作時，一定會考慮到自己的興趣與專長，也會把這份工作所得列入考慮，像有很多的孩子都認為醫生是很棒的職業，薪水高、社會地位也高，但如果我們只看到這一面，而忽略了這份工作最原始的意義，也就是「救人濟世」，那麼賺再多錢也不快樂呀！所以我們不時會在新聞中看到一些醫師，放棄城裡大醫院的高薪，到醫療資源欠缺的偏鄉，去幫助當地居民，或者利用休假去山區及落後國家義診，我相信當這些醫師無私付出的時刻，那份喜悅及成就感，是再多金錢也換不到的。

所以我們在選擇職業時，不僅只是考慮它的報

酬，更可以想想自己透過這份工作，還可以完成甚麼志願，為其他人多做些甚麼，不過最重要的就是這份工作一定是要自己有興趣的，因為只有當自己喜歡時，才能產生熱情，才能把工作做好。

當我們在寫這篇文章的時候，可以描寫三十年後自己所從事的工作，可能的感情生活或家庭生活，比如和家人的互動，如果你已經升格為父母，那麼你已擁有幾個孩子？是男是女？會以甚麼方式教養他們？比較嚴格？還是比較隨意？會幫

他們安排許多補習課程？還是會利用假日帶他們去遊山玩水？這些都是可以描寫的。

如果三十年後的你仍單身、還未打算成家，那麼你會獨自一人居住？還是仍和父母住在一起，屆時四十歲的你，父母也有六、七十歲的年紀了，如果能就近照顧他們、陪在他們身邊，也算一樁好事，但千萬別當「啃老族」，還吃父母的、住父母的，讓父母還為你擔心憂愁。

除此而外，你的休閒生活也可以描述一下，工作之餘，會選擇甚麼樣的活動保持自己身心健康？登山、健行、騎自行車、打球、游泳？或是比較靜態的閱讀、上網、看電影？或常利用假日和家人一起整理家園、出外購物，一起窩在廚房裡烹調美食，或出外上個小館打打牙祭，這必能增加親子互動，使家人感情更綿密。反正甚麼都好，就是別一天到晚只「宅」在家裡，坐在電腦、電視前面六親不認，不僅有礙健康，還會讓彼此感情疏離呦！像現在的你，會希望父母

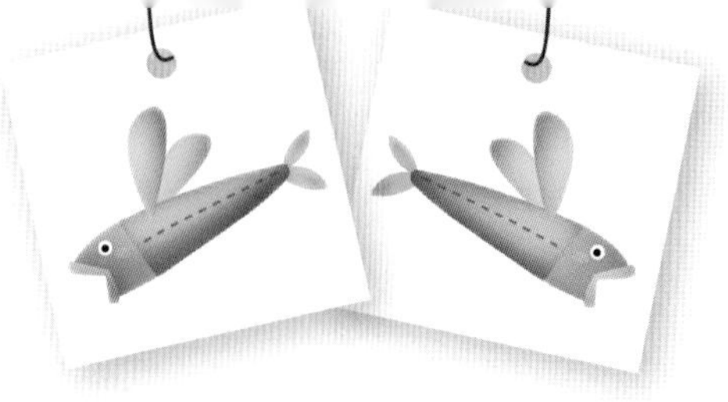

每天坐在電腦、電視前面不理你嗎？就是這個道理。

雖然，我們無法預知三十年後的未來究竟會是甚麼光景，地球的環境還適合人居住嗎？國家社會會動亂不安嗎？的確，大的環境不是我們可左右的，但我們仍可抱著無限希望，期盼未來是美好的，是可以擁有自由選擇的權利，那麼你會希望三十年後的自己，成為一個怎麼樣的人？功成名就？名利雙收？但別忘了！人生有得就有失！也許在我們全力追求名和利的同時，是不是也失去了和家人共處的時光？所以你也許會選擇一個看似平凡，卻擁有豐美親情的人生也說不定，就看聰慧的你如何選擇啦！

4. 我是一隻流浪狗

九月份除了教師節，還有一個很特別的日子，那就是九月九日的「狗狗節」，為甚麼這一天會是「狗狗節」呢？會說閩南語的小朋友，可以試著以閩南語唸「九」和「狗」這兩個字，是不是會發現這兩個字的發音是相同的？所以九月九日「狗狗節」就是這麼來的。那麼，為什麼要有「狗狗節」這樣一個日子呢？我想除了提醒大家狗狗是人類最忠實的同伴，還有，在這一天我們可以省思一下，是否曾好好對待這些環繞在我們生活周遭的動物同伴們。

朱老師平日除了寫作、教書，還是一位動保義工，我們這些義工關注的是所有動物的生存，包括經濟動物牛羊豬雞等、實驗動物黑猩猩老鼠等，當然也包括最常出現在我們身邊的貓貓狗狗，而在這所有的動物中，我覺得最傻的就是狗狗，為什麼說牠們傻呢？因為人們再怎麼欺負、嫌棄牠們，牠們對自己的主人還是充滿了善意，朱老師看

過太多太多被人丟棄的狗狗，卻仍死守在路邊等著主人回來接牠，牠以為主人只是忘了牠，怎麼都不相信自己是被遺棄了。

而且，被人類馴化了幾千年的狗狗，也早已失去了自立的能力，牠們像個小孩子一樣，必須仰賴人們的餵食幫助才能存活下去，所以每次看到人們把狗狗丟到山上野外，我都不明白這些人是怎麼想的，難不成他們還以為狗狗仍保有會打獵的天性嗎？當狗狗被丟棄時，牠們仍然只能在人們聚集的地方討生活，如果幸運的遇到比較友善的人們，或許便能苟延殘喘活久一點，若不幸被人舉報捕捉，十二天沒人認養，那就會被撲殺，光是桃園縣一年就有八千多隻的狗狗遭到撲殺，平均一天就要處死二十多隻狗。

那麼，為甚麼會有那麼多流浪狗呢？源頭還是人們自己造成的，在臺灣要丟棄一個同伴動物是那麼的容易，小狗小動物都是很可愛的，但是牠們都會長大，牠們和人類一樣都會有幼兒期、青春期，一樣都會調皮搗蛋、惹是生非，有一次朱老師在和學生們談到家中狗狗貓貓的頑劣行徑時，有一位小朋友很理所當然的問我：「那你為什麼不把牠丟掉呢？」於是我反過來問他：「當你不乖時，父母為什麼沒把你拋棄呢？」若我們認同身邊這些同伴動物都是一條生命，我們會輕易放棄牠們嗎？其實牠們就像小朋友一樣，好好教、慢慢教，沒有什麼是教不會的，沒有什麼問題是解決不了的。

但是，當我們在飼養一隻同伴動物時，一開始或許覺得牠可愛得不得了，接著發現，牠居然會吃喝拉撒太麻煩了，咦？難不成你以為自己養的是填充玩具？而且，牠居然會叫，會吵到自己也會吵到鄰居，還有牠居然會破壞家具、咬壞很多東西，這樣的破壞大王簡直和惡魔差不多。但其實一般狗

狗貓貓在滿一週歲後性情穩定下來，就不會再出現這些令人頭痛的行為，但是往往飼養牠的主人沒有耐性等到牠長大，便把牠丟棄了。

甚至很多時候，牠們之所以成為流浪狗，原因並不在牠們自己，而是飼主要搬家、要出國唸書工作、發現自己對毛髮的過敏比想像嚴重，甚至情侶分手、夫妻感情破裂，這些見證過甜蜜愛情的同伴動物，便活該倒楣該立即消失。有時甚至根本不需要原因，只是厭了、倦了，便可以把牠們當垃圾一樣丟棄。而這些被丟棄的貓貓狗狗又多半沒結紮，一旦流落街頭，便不斷的繁殖生育，這就是為什麼臺灣的流浪貓狗永遠都那麼多的原因。

談了這麼多流浪狗的問題，今天朱老師想出一個作文題目讓小朋友來書寫，那就是設想自己是一隻流浪街頭的狗狗，描寫和人們互動的狀況，也許這可以讓我們更深切體會流浪狗的處境。

首先我們可以先從怎麼成為流浪狗開始，前面已經談了很多造成狗狗流浪的原因，你可以從其中找尋靈感，像編故事一樣寫出自己和主人相處的情況，也許一開始是倍受寵愛的，但後來發生了甚麼事讓你被丟棄必須流落街頭，而剛被丟棄時的心情是如何？驚恐？無助？或者根本不相信主人會這樣對待你，還痴心妄想主人會回來接你？後來是隔了多久，才不得不接受自己已被拋棄的事實？

接下來，你便可以開始描述在街頭流浪遇到的種種狀況，包括要如何覓食，好填飽那永遠處在飢腸轆轆狀態下的肚皮，又如何找到一個可以遮風蔽雨的角落？你多半是在菜市場周邊流連？還是逗留在某家餐廳、某個攤販前，看看有沒有好心人願意施捨一點食物給你充飢。有時在便利超商前我們也會看到一兩隻流浪狗在那兒等待人們的餵食，所以身為流浪狗的你也可以選擇便利超商作為你覓食的地點。

而在整個流浪和人互動的過程中，你又遇到了一些甚麼事呢？人們對你友善嗎？或是你曾遇過許多嫌你又髒又臭的人們，他們不停的驅趕你，甚至用打的、踢的、潑熱水的方式對付你，讓你已夠瘦弱的身軀又受到不小的傷害；當然你也可能很幸運的受到好心人特別的關照，也許他是一個動保義工，不僅餵食，還帶你去醫院結紮、驅蟲、治療身上的皮膚病，並且不時的來關懷你，看你是否受到不人道的虐待。而最後、最後，你是幸運的被人收養了，還是很不幸的被捕捉到收容所裡等著處死撲殺，或者你仍在街頭流浪，那麼你會不會對所有的人類發出一些呼籲？希望人們如何對待你們這些流浪動物？

我常常和學生們說，不是每個人都要愛動物，都要去做動保義工，因為有些人天生就怕狗、怕貓、怕所有的動物，就像

朱老師永遠都不可能愛上我最怕的毛毛蟲一樣，但我不會因為毛毛蟲長得噁心就把牠們趕盡殺絕，我會選擇避開牠們，或把牠們請離我的花園，移到旁邊的野地生活，在地球上人類是最強勢的，對其他的動物常握有生殺大權，但我們是不是想過，地球真的只屬於我們人類嗎？還是所有生命都有生存在這地球上的權利？

其實，生存在我們身邊的流浪狗牠們的要求真的很低，一點剩飯剩菜、一個遮風蔽雨的角落，如此而已，而且牠們平均壽命不過兩三年，在牠們停留在人世間這短短的時間裡，就算我們無法善待牠們，但至少也不用虐待牠們吧！而這是我們都可以做到的。

5.小溪的哭訴

在朱老師山居的家畔，有一條很美的溪流，她的水很清澈，孕育了無數的生命，有魚、蝦、蟹及各種傍水而生的鳥獸，其中還有一些是保育類的物種，比如臺灣鯝魚，也就是俗稱的苦花，以及臺灣藍鵲、臺灣獼猴等，因為這條小溪的存在，所以周邊的生態變得十分豐富。

我從住家窗口就能看到這條溪流，每天早起，拿一杯咖啡坐在窗前，看著陽光透過樹梢，斑斕的撒在湍湍流淌的溪水中，看著各種鳥類來此汲水覓食，看著成群的魚兒因啃食著石頭上的青苔翻滾著鱗片，每天在這樣的情境中甦醒，我只能說自己是十分幸福的人。

我們不時會撒一些噴香的熟麥片到溪裡餵魚，時間久了，魚都知道了，只要看到岸上站著人，便

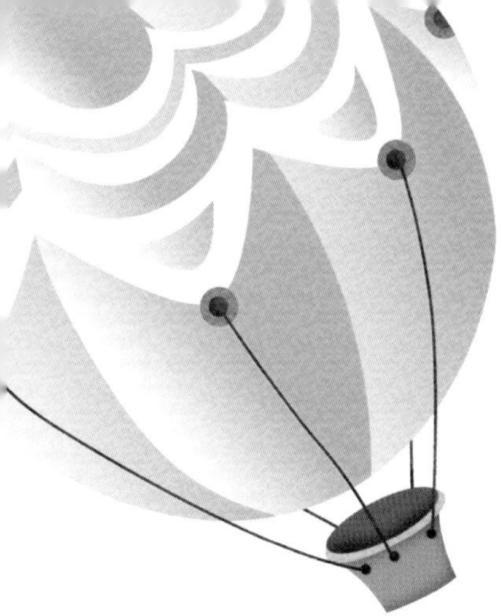

會成群結隊的湧過來，有時也會有釣客來訪，看著一條一條的傻魚被釣起，心都在滴血，有時忍不住會過去哀求說：「別釣了吧！看得心好痛！」多半的釣客便會知難而退離開了。

有一天早晨，我卻發現溪裡一條魚、一隻蝦蟹都沒了，真的是死寂一片、甚麼都沒了，我不敢置信的前後搜尋了幾次，確定真的是甚麼都沒了，怎麼會這樣呢？溪對岸也立著一隻白鷺鷥歪著頭研究，牠和我一樣百思不得其解的，完全不明白發生了甚麼事。

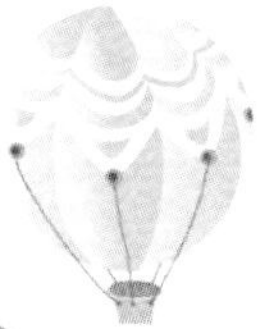

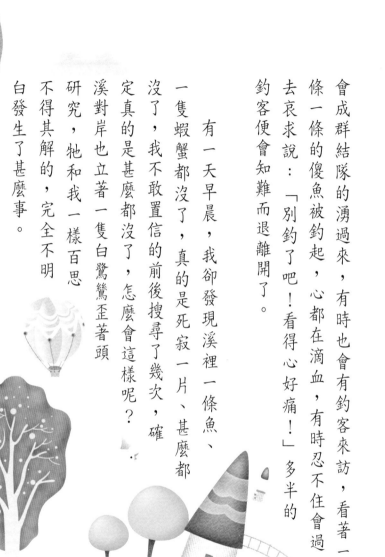

後來經過打聽才知道，有人在溪流的上游放了化學毒物，一瞬間便把這條溪的所有生物都毒死了，他還把附近另外兩條溪也給毀了，他自己是不會吃這些魚蝦的，他把毒死的魚搓一搓鹽，便拿去賣給餐廳，到餐廳點炸溪魚、炸溪蝦的客人，也不會過問這麼大量的魚蝦是怎麼來的，胡裡胡塗便吃進肚子裡去了，也許一時半會兒不會出人命，但它對人體會造成甚麼傷害，是誰也不敢說的。

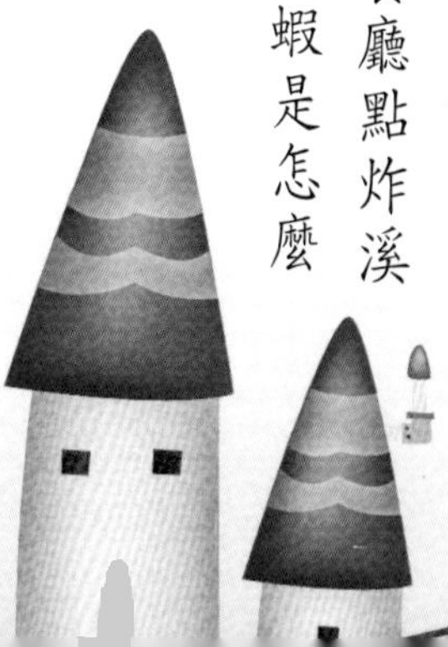

這個毒魚的人雖然被抓到了，但所有溪裡的生命已全部消失殆盡，溪畔也陸續出現一些鳥獸的屍體，溪底的青苔由綠轉成褐色，望著這條死寂的溪，我真的是欲哭無淚，這毒魚的人真的知道自己做了甚麼嗎？他知道自己造成的傷害有多大嗎？

在臺灣有無數像這樣無名的小溪，她流過高山峻嶺，也流過山林平原，她不僅為我們提供乾淨的水源，也為我們帶來豐富的生態，但我們人類是怎麼對待她的呢？除了毒死她孕育的生命，還不停的將各種汙水排放到她身上。

朱老師住到山上時，便在地的邊緣埋了一個百人份的化糞池，化糞池排出的汙水先流進我們的光合池中，經苦草淨化後才再流入溪中，但在我們周邊卻很少有人這麼做，多半是直接就把家庭廢水排入溪裡，甚至有養豬、養雞、養鴨的人家，直接就把這些動物的排泄物沖到溪裡，這對生態都是很大的破壞。

另外還有很多人在溪的兩岸種菜、種茶、種各種果樹，種植過程中所施的化學肥料及噴灑的農藥，或偷懶使用的除草劑，都經由雨水沖刷，這些毒物一樣會流到溪裡，更可怕的是，有些工廠還會偷偷的把工業廢水排入溪裡，這些都會嚴重汙染溪

水，傷害到整個生態的，這也是讓人很痛心的事。

各位小朋友！我們可以設想一下，假如我們是一條小溪，在我們遭受人類那麼多迫害、汙染之際，是不是有很多委屈、痛楚要傾訴呢？會不會想呼籲人類如何善待自己呢？今天我們可以化作一條小溪，一條原本川流在山林間清澈無比的小溪，因為你的無私無我，孕育了無數的生命，也使你流經的所有區域生機無限，鳥獸賴你維生，草木因你綠意盎然，人類更是缺你不可，因為除了山中居民，連都市裡的人們所需的水資源，都要靠你提供，像朱老師家畔的這條小溪，就位在關西自來水廠取水的上游呀！

第二個部分，你可以談談，雖然人們知道你是這麼的重要，但是同時卻又不斷的汙染你、迫害你，你可以列舉出許多人類傷害你的行為，較輕微的像是遊客到你這兒戲水、烤肉，玩得開心，卻在離開時留下了很多的垃圾；至於比較嚴重的則是前面已提過的種種惡行，毒魚、排放各種有毒汙水……等，這些可怕的毒物，不僅讓你惡臭難聞，也使得生活在你懷抱裡的所有生命，都一一消逝，這讓你傷心不已，也讓你成為一條死寂的溪流。

至於最後一個部分，則可以呼籲，甚至是提出警告，若人類再這麼恣意妄為，那麼將會付出甚麼樣的代價呢？美麗豐富的生態不再？潔淨無毒的水源匱乏？這樣的結果是人類自己也都沒辦法承受的呀！所以，多麼希望藉由你的提醒，人們真的能好好省思自己的行為。

其實我們可以做的事很多，像朱老師就聯合了住在這些溪畔的居民們，成立了一個「馬武督山林溪流保育協會」，接著我們會組織一個護溪隊，好好守護這幾條野溪，不再讓人來毒魚，也不讓人來恣意破壞這裡的生態，讓這些溪流能恢復往日的生機，繼續孕育無數自然的生命。

而我也想呼籲一下政府，要重新考慮加重毒魚人的刑罰，目前毒魚只能罰款三萬到十五萬，像這次抓到的就是個前科累累的毒魚人，他曾在基隆暖暖、桃園新屋，還有新竹芎林都毒過魚，他為什麼一犯再犯不怕被抓呢？因為他毒一條溪就能撈到幾百斤魚，所賺的錢繳了罰金還有剩，又不必坐牢，所以現在的法律規定完全嚇阻不了他，所以不加重其刑是不行的。

而各位小朋友，你們能做甚麼呢？最簡單的就是從此到溪邊親水時，盡量別破壞環境，別傷害那些小生命，還有，當我們到餐廳用餐時，千萬別再點溪魚、溪蝦了。這些數量如此龐大的魚蝦，絕無可能是用釣的或捕撈來的，如此來路不明的魚蝦你敢吃嗎？若只為滿足一時的口腹之欲，卻賠上了自己的健康，以及難能可

貴的自然生態，你覺得值得嗎？當我們大家都不吃，餐廳自然就不會進貨，那些毒魚的人賺不到錢，自然就不會再毒魚了，這做法也許看起來消極了些，但也可能是釜底抽薪澈底解決毒魚問題的方法。

所以保護所有的溪流，珍惜所有的生命，是我們每個人都可以盡一份心力做到的，就讓我們攜手一起努力吧！而在文章的最後，我們也可以此作為結語。

6. 感官之旅——嗅覺

從我們出生的那一刻起，便不間斷的透過我們的感官去認識這個世界，我們用眼睛去觀看，用脣舌去品味，用鼻子去嗅聞，用耳朵去聆聽，用手及全身的肌膚去感受身邊的所有事物，當然我們也會用心去感應所有的知覺；擁有敏銳的感官，不僅可以讓我們警覺、遠離危險，更可以使我們和周遭的環境有更密切的聯繫，讓我們的生活更加多采多姿，當然這是寫作絕對不可或缺的呀！

一個感官靈敏的人，很容易就可以從日常生活中找到書寫的題材，比如說，當一客夏威夷披薩放在我們面前時，我們會先聞到一股令人垂涎的香氣，接著便會看到鋪滿了各種食材、好像萬花筒一樣的美食出現在眼前，當我們手抓著還冒著煙氣的披薩送進口中時，那酥脆的餅皮、藕斷絲連的起司、噴香的火腿鳳梨……這些美味食材經由咀嚼化在脣齒之間，就像一首再和諧不過的交響樂章，那份喜悅與滿足，可真是人間一大享受

呀！但如果對一個不喜歡吃披薩，或對吃根本不感興趣的人來說，眼前不過是個能填飽肚子的東西，囫圇吃了就算了，要他描述書寫這披薩的美味之處，恐怕就強人所難了。

所以我們要寫一篇文章時，真的要盡量發揮自己所有的感官，才能寫得精彩、才能寫得動人。當然，敏銳的感官是平時就要培養的，而不是等到要寫文章時，才臨時抱佛腳的在那兒找靈感，平時我們要常出外走走，在學校，即便是下課時，也盡量到教室外跑跑跳跳舒活一下身心，就算和兩三個好朋友坐在校園的一角聊聊天、晒晒太陽、吹吹風也好。回到家寫完功課，也別只是「宅」在屋裡看電視、打電動，可以到院子晃晃、在社區騎騎腳踏車都好；至於週休二日或較長的假期，就可以往遠處一些地方走走，去參觀某項展覽，去欣賞一些表演，或走入大自然中單純享受蟲鳴鳥叫及清風撫過肌膚的感覺，這些都是讓我們感官復甦最好的方法。

而有時我們太依賴視覺，也會蒙蔽了其他感官，像嗅覺就是如此呀！所以有時我們可以閉上眼睛，試著用鼻子重新去認識這個世界，那麼你會發現空氣中其實充滿了各種有意思的元素。當你站在院子裡，闔上眼靜靜嗅聞時，泥土的氣息、小草的清香是不是都出現了？也許你也會聞到甚麼怪怪味，那就讓它帶著你，看看會找到甚麼樣的「寶貝」。

有時一陣風吹過，它也會帶來遠方的訊息，勾起你許多遺忘已久的記憶，比如一縷玉蘭花香，讓你想到的是外婆溫暖的懷抱？還是十字路口賣花的殘障人士？而那炭火的焦香，是會令你想到某個中秋夜？還是秋收後稻田焚燒的味道？

至於從洗衣機溢出的漂白水味，則是讓你想到有些恐怖的醫院？還是歡樂無限的游泳池呢？像我就會想到幾年前SARS籠罩的恐慌，那時大家都說漂白水是最好的消毒殺菌利器，以致一時之間還賣到缺貨，當時走到哪兒，都能聞到這濃郁的漂白水味，所以，後來再嗅到同樣氣味時，SARS流行時，那種人人自危的景況似乎全都回到眼前。

還有一種氣味也會勾起我久遠的記憶，那就是樟樹的味道，因為朱老師的外公家庭院周圍就種了十幾株高大的樟樹，童年時的寒暑假，我們都是在外公家度過的，每個清晨都是在樟樹清香的氣息中醒來的，而那棟木造的房子，又需要靠樟腦油來驅蟲保養，甚至連廁所裡的小便盆，都會放一些樟腦丸，也就是說我的外公家整個的浸在樟樹的氛圍中，以致於日後，我只要嗅到這味道，兒時屬於外公家的記憶，全都湧上了腦海。

桂花香也會為我帶來甜美的回憶，它是專屬於我父親的氣味，因為我的父親喜歡桂花，他在家裡的庭院種了兩株好壯碩的桂花樹，每當仲秋花開滿園時，我的父親都會將那小小的花絮採擷下來做成桂花釀，元宵節吃湯圓時，淋上一小匙，那真是芳香撲鼻呀！

而小嬰兒、小汪汪身上也有一種特殊的乳香味，讓人會忍不住想抱著他們嗅個不停；至於經過曝晒的棉被、枕頭，是不是也有一種陽光的氣味，聞起來好舒服，總能讓人一覺好眠；有時仲夏烈日烘烘，突然下起一場暴雨，馬路上蒸騰的熱氣，也是一股令人熟悉的氣息。

嗅覺有時真的很像一把鑰匙，它能為我們打開一扇又一扇的記憶之

門，讓我們驚喜的發現，原來我們的記憶庫中有如此多的寶藏。

其實每個人身體都會散發出一種屬於自己獨特的氣味，它甚至會影響到人與人之間的互動，年輕的女孩會有一股花香的氣味，而男生因為運動量大，常處在大汗淋漓的狀態中，難怪會有「臭男生」的稱謂。有時人們也喜歡噴些香水，讓自己散發出一種迷人的香氣，但千萬點到為止就好，別噴過頭了，造成別人嗅覺的干擾，畢竟每個人對「香味」的定義都不盡相同，像朱老師小時候坐公車，最怕的就是聞到女生身上脂粉的味道，那一定會讓我暈車到嘔吐。

嗅覺真的是很奇妙的一種感官，平時不太感覺到它的重要，直到感冒鼻塞了，才發現失去了它，生活的樂趣也流失了許多，再美味的食物擺在眼前也不那麼可口了，對周遭的環境也變得木膚膚的，好像隔了一層甚麼似的，所以我們所擁有的每一項感官

都是不可或缺的呀！

除了少數朋友，因為某些緣故而喪失了某方面的感官，也許是視覺，也許是聽覺……等，但通常他們的其他感官就會變得份外敏銳，這似乎就是大家常說的「當上帝關上一扇門時，會為我們開啟另一扇窗」的道理，因為他們更懂得珍惜自己僅有的。

而俱備萬全感官的我們，卻常常輕忽了自己所擁有的天賦，變成一個視而不見、聽而不聞、食而無味的麻木之人，但只要我們多接近大自然、多接觸真實的事物，這些感覺很快便會復甦，很容易便能找回來。所以千萬別讓自己當個「宅男」、「宅女」，這不僅很難寫得出好文章，而且會讓自己錯過許多精彩的人生喔！

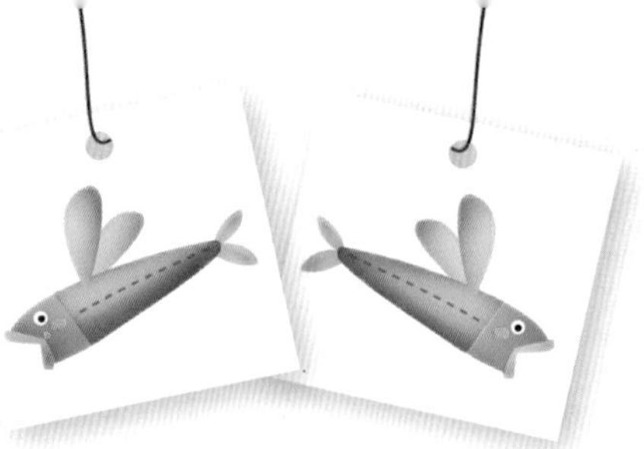

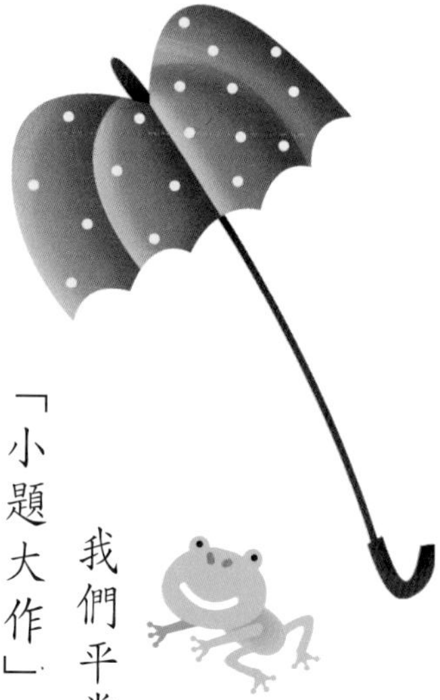

7.「小題大作」與「大題小作」

我們平常在寫文章時，總會遇到「大題小作」或「小題大作」這樣的題目，比較之下，「大題小作」似乎好寫些，以「我是武林高手」這樣的題材為例，我們所熟知的金庸就耗費了他一生、用了不下幾百萬字，才完成了他的武俠夢幻國度，而我們卻只有一堂課的時間、只能用五百多字就要搞定自己想像中的武俠世界，確實是有些難度的。但別怕！只要稍微做規畫，把自己認為最重要的部分寫出來就可以了。

比如一開始可以介紹一下你是怎麼成為武林高手的，是整個家族都是武林中人嗎？還是偶然間經某位大師指點，而學得了一身功夫，搞不好還是失傳已久的獨門武功，也或許是你上山拜師學成的；而在眾多武藝中，你最想擁有的是甚麼呢？少林拳、峨嵋劍？還是九陽神功、乾坤大挪移、降龍十八掌……？如果是我，我最想學的是劍法，因為舞起來漂亮！此外輕功也不可少，這樣我就可以和家裡的眾貓咪一起飛簷走壁，好不有趣。

而第二個部分，則可以談談自己學習功夫的過程。在中國，習武是一件非常辛苦且漫長的事情，這其中曾遇過甚麼特別、難忘的事，便可以寫一寫呀！或者你因為受到師父特別的喜愛，又傳授給你甚麼獨家絕技，因此真的就成了武林高手，而你和師兄弟姐妹們的情誼，或者也可以略述一二，從小一起長大、一同切磋武藝，讓你們的感情更勝手足，還是為了爭寵、爭掌門人的寶位，而因此反目成仇呢？

至於最後的部分，你可以寫寫學成出師後，你有甚麼打算？就此走入江湖、行俠仗義？還是就在這個時候，師父把你真實的身世告訴了你，原來你的背後一直藏著一段血海深仇，所以下山後第一件事，就是找到仇敵報仇雪恨，這其實和「哈利波特」的情節有點類似喔！是不是？當然一堂課是不可能把所有故事都交代清楚的，最後只要把自己離開師父下山時，是抱著甚麼樣的心

情、甚麼樣的決定說明白，就此打住就可以了，如此一來反而留下無窮的想像空間給讀你文章的人，這也就是「大題小作」的精髓了。

除了武俠世界，奇幻、科幻、魔法故事的創作，若要在短短一兩堂作文課上完成，大概也只能盡量精簡，把故事主軸抓住，不能太往旁枝末節發展，不然收不回來，故事就散掉了。像朱老師曾出過「大題小作」的作文題目，就有「我的魔法世界」、「時光之旅」、「回到未來」、「荒島求生」……。

至於遇到「小題大作」這樣的命題時，就比較需要多動動腦，想一些相關的素材來撐起這篇文章了，舉個例子好了，如果今天出的題目是「蛋」，雞蛋的蛋，你會怎麼處理呢？一開始你可能會丈二金剛摸不著頭緒，那麼我們就先從它的種類、用途開始談起吧！

你知道世界上最大和最小的蛋（無殼的卵不包含在內）是甚麼嗎？最大的是鴕鳥蛋，最小的是壁虎蛋，而介於這兩者之間則有無數種類的蛋，可不是只有我們常吃的雞蛋、鴨蛋、鵪鶉蛋呦！而蛋的用途可多了，不下十種，除了食用、繁衍後代，還可以彩繪、敷臉、做花肥、端午立蛋、滿月紅蛋、提煉新流感疫苗，當然還可以拿來丟擲抗議，更可以用來罵人，好像很多不雅的罵詞都和「蛋」有關，這「蛋」真的不知道是招誰惹誰了。

接下來便可以針對其中任何一項用途，寫出自己的經驗和想法，比如你曾在端午節正中午立過雞蛋嗎？最後成功

達成任務了嗎？這經驗是讓你苦不堪言？還是成就感十足？至於彩繪蛋的過程也很值得一寫，每當感恩節的時候，有的美勞老師會不怕麻煩的，請每個小朋友從家裡帶一顆蛋到學校，然後用針筒把蛋汁吸出，再用清水注入裡面清洗乾淨，接著就可在蛋殼上自行創作，彩繪出你所喜歡的圖樣來。

至於說到蛋的料理，則是花三天三夜也說不完，蛋可以蒸煮炒炸，而烤餅乾、烤蛋糕也少不了它。其中炒蛋就不下百種，幾乎所有食材都可以和它搭配，最常見的蔥花、玉米、番茄，到充滿創意的九層塔、野薑花，乃至最昂貴的松露都是它的好搭檔，蛋這食材或作紅花或當綠葉都適合得不得了；而小朋友進廚房學做的第一道菜，多半就是水煮蛋或荷包蛋，這經驗在寫作時也不要輕易放過呀！

所以不管是談到吃或自己動手料理，蛋都提供了我們無數的書寫題材呀！當然在結語時，如果你願意，還可以談談蛋在經濟價值上的演變，在古早時代，蛋可是很珍貴的補品，甚至可以當禮物來送人的，而如今蛋不但便宜，而且還被嫌膽固醇過高，吃多了有礙健康呢！此外，如果你有甚麼特別想法，也可以挑戰一下「雞生蛋，蛋生雞」這困擾了人類上千年的話題呀！

所以，即便遇到像「蛋」這樣不起眼又冷門的題目，只要我們肯動動腦、多花些心思，便可以從過往的生活經驗中，找到許多的素材。其他像是「蚊子」、「螃蟹」、「汽車」、「糊塗」……等，也是「小題大作」的範例，「蚊子」、「螃蟹」除了可以從自己的生活經驗著手，還可以從歷史典故切入，比如相傳蚊子就是由紂王寵妃妲己幻化而成的；而螃蟹在中國文人墨客心中也占有一定的份量，每值入秋便是最好賞菊品蟹的時令，多少詩人把酒對著秋月時，螃蟹

便成了不可或缺的寫作素材，連「紅樓夢」中，寶釵、黛玉她們結社吟詩時，都曾專以「螃蟹」為題，寫出不下十餘首詩呢！

而若以「汽車」為題，則除了可以介紹它的發展演進史，也可以觸類旁通談及環保議題，尤其在可預見的未來，地球上的石油即將用盡，人類最倚重的交通工具——汽車，勢必要改換別的能源來驅動，那麼你也可以想像一下未來概念的汽車會是甚麼模樣，這時就可以充分發揮你的想像力，好好天馬行空一番了。

至於糊塗呢，則盡可以好好搜尋身邊的實例，以幽默的手法記錄出來，它可能發生在別人身上，也可能是自己製造出來的，像最近朱老師就發生了一件糊塗到不行的事，那天我拎著兩個包包上課去，在教室樓下便利商店碰到一個學生，因為要付賬，我便央請那位學生幫我拎一個袋子，付好賬出了商店，我轉頭看到那個學生揹著一個好眼熟的袋子，我不禁驚呼出聲：「哇！你的袋子跟我的一模一樣呀！」只見那位學生嘴開開的，好半天才說得出話來：「老師！這是你的袋子呀！」接著，我們兩個人都快笑翻了。唉！有時若能因自己一時的糊塗，帶給別人無限歡樂，也算是功德一件了。

所以碰到類此「小題大作」的題目，先別急！靜下心來思索，看看能從甚麼角度切入，或努力的在自己生活經驗中搜尋，你一定能找到相關的素材，寫出一篇內容精彩又豐富的文章呀！

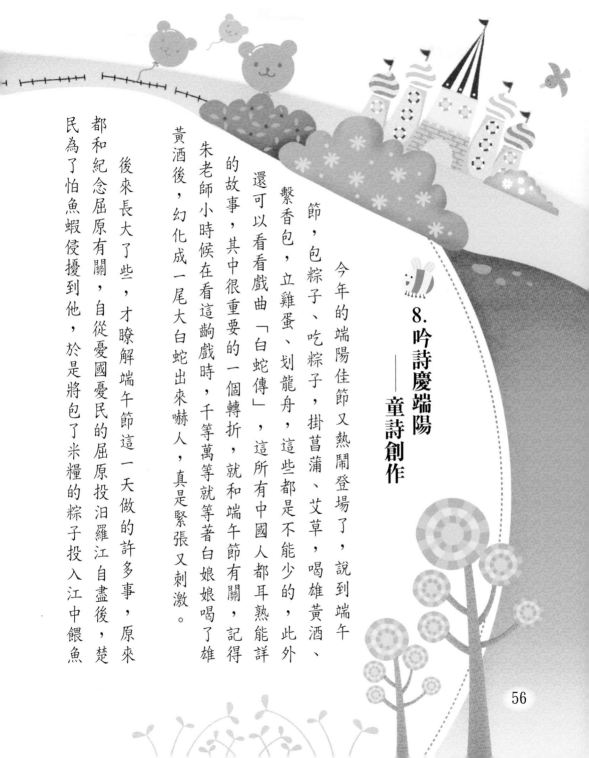

8. 吟詩慶端陽

——童詩創作

今年的端陽佳節又熱鬧登場了，說到端午節，包粽子、吃粽子，掛菖蒲、艾草，喝雄黃酒、繫香包，立雞蛋、划龍舟，這些都是不能少的，此外還可以看看戲曲「白蛇傳」，這所有中國人都耳熟能詳的故事，其中很重要的一個轉折，就和端午節有關，記得朱老師小時候在看這齣戲時，千等萬等就等著白娘娘喝了雄黃酒後，幻化成一尾大白蛇出來嚇人，真是緊張又刺激。

後來長大了些，才瞭解端午節這一天做的許多事，原來都和紀念屈原有關，自從憂國憂民的屈原投汨羅江自盡後，楚民為了怕魚蝦侵擾到他，於是將包了米糧的粽子投入江中餵魚

蝦，還在江面上擊鼓划龍舟驅趕牠們，以保全屈原的屍身。但另一種說法則是，楚國位處南疆，瘴癘之氣本就重，再加上入夏後蛇蟲鼠蟻全出籠了，很容易造成瘟疫的流行，當時人們多半對傳染疾病不太瞭解，總以為是邪魔妖怪在作祟，因此以擊鼓划龍舟的方式來驅邪，這舉措也許看似不太科學，但是不管是擊鼓也好，划龍舟也罷，其實都是會讓人大出汗的運動，對袪除瘴癘之氣是很有幫助的，而運動本來就可以增強抵抗力，這又是對抗瘟疫的良方，所以有人說，其實早在屈原之前，楚境便早有龍舟競賽這樣的習俗。

那麼到底哪一個說法比較接近事實呢？朱老師以為兩者皆是，我相信古早便有這許多驅除瘟疫的民俗活動，

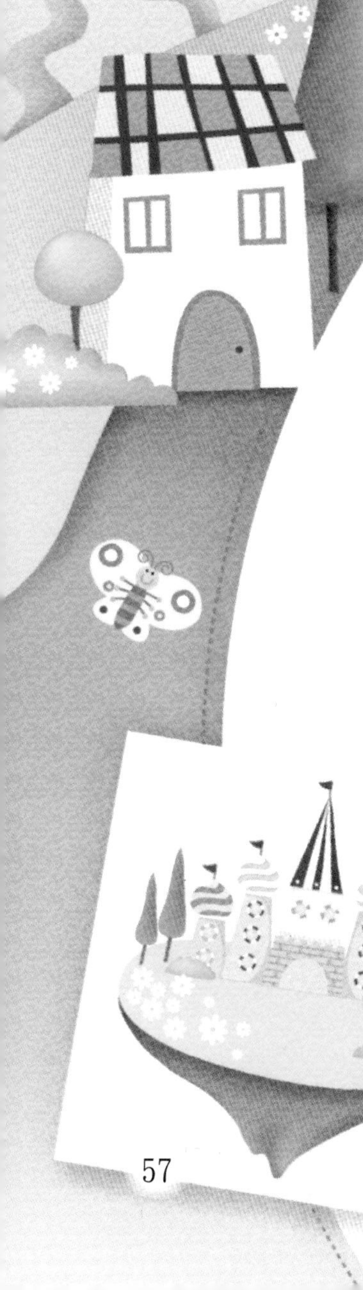

但後來因為楚民們對屈原的感念，便將原有的民俗轉嫁到紀念屈原上了，從此以後熱鬧慶端陽的同時，便可一併緬懷這位憂國憂民的詩人了。而也因為這個緣故，端午節又被稱作是「詩人節」了。

所以端午節除了吃粽子、看龍舟競賽，我們還可以寫詩的方式度過喲！當然今天我們要寫的詩不是古詩，也不是唐詩、宋詞，而是最容易進入的現代詩，若是孩童們寫的，那麼我們就可稱呼它為「童詩」了。書寫童詩的自由度很高，沒有甚麼限制，不需要講究對仗，也不必苛求押韻，甚至連標點符號都可以省略，只要掌握辭句的簡明扼要即可，若詩中有一些獨特的想法就更好了。

低年級的同學一開始書寫童詩時，若不好掌握

詩的模式，或許我們可以從兒歌切入，比如大家都熟悉的「魚兒水中游」，老師記得是這樣唱的：

魚兒　魚兒　水中游
游來游去　樂悠悠
倦了臥水草
餓了覓小蟲
樂悠悠　樂悠悠
水晶世界任自由

我們可以將主角「魚兒」換成任何一種動物，牠可

以是鳥兒，也可以是小狗、小貓、兔子、公雞、老虎、大象、獅子……等，接著就可以將這首兒歌改一改，比如改成「小狗」：

狗兒 狗兒 好可愛
跑來跑去 找骨頭
吃飽睡狗窩
睡醒到處玩
東跑跑 西跳跳
廣大花園任遨遊

或者，也可以大幅度的改一改，比如：

小狗　小狗　會看家
小偷來了　汪汪叫
主人醒來了
趕快找警察
小狗狗　好本事
會幫主人抓小偷

這樣改好的詩，不僅能朗誦，還能用原來的旋律吟唱呦！

至於中年級的同學，則可以一首校園民歌作參考，那就是「如果」：

如果你是朝露　我願是那小草
如果你是那片雲　我願是那小雨
終日與你相偎依　於是我將知道
當我伴著你　守著你時
會是多麼綺麗

當我們在書寫這首詩歌時，心裡可以先設想一個自己喜愛的對象，他可能是爸爸或媽媽，也可能是

好朋友，或者是自己暗戀的對象，或是心愛的同伴動物，接著，便可以想像一下，若他是一朵花、一彎月、一片葉子、一把雨傘、一只扇子、一葉扁舟、一頭長髮、一池湖水、一脈青山、……，那麼你願意化作甚麼，好陪著他、伴著他，時時刻刻不分離呢？若你真的那麼喜歡他，一定能想出動人的點子，重新書寫出一首深情款款的「如果」。

此外，我們也可以利用「四季」來學習詩的分段，我們可以先尋找一個四季分明的事物作為主題，比如風、雨、陽光，或葉子會紅、會落的楓香，連自己都可以成為詩中人物呦！我們就以「四季的我」為例吧！

春天的我
像小貓咪一樣
只想跳進花園裡
撲蝴蝶玩耍

夏天的我
像小魚兒一樣
好想跳進泳池裡
盡情的戲水

秋天的我
像大冠鷲一樣
夢想能隨風展翅
在天際翱翔

冬天的我
像小棕熊一樣
只願窩在棉被裡
貪睡的冬眠

這首詩，因為四季分成了四個段落，我們可以看到段落的中間都空了一行，這就是詩分段的方式，此外我們在寫詩時，別忘了，每一句話都要空兩格，而且句型最好是長長短短才活潑、才生動，

有些同學以為寫童詩時，要和唐詩一樣五個字、五個字一句，或七個字、七個字一句，結果畫虎不成反類犬，全寫成俗不可耐的打油詩了，那可就不妙了！

今年端午，除了吃粽子、立雞蛋、看龍舟競賽，也別忘了可用這熱鬧又充滿典故的節慶為題材，輕鬆愉快的寫幾首詩，這是紀念屈原，也是另類過端午的方式喲！

9. 游泳池畔

又到了炎炎夏日、小朋友最愛的暑假了。在這漫長的假期中，有太多事可以做，平時上課、考試忙得焦頭爛額，想做些自己想做的事都難，所以真的該趁著這個長假，好好規畫一下，別讓它白白流逝了。

若說在酷熱的夏季，最受歡迎的活動是甚麼？我相信多數人都會選擇游泳，只要想到能浸在清涼的水中，像小魚兒一樣自由自在的戲水，就不知道有多歡愉。在朱老師小時候，公共的泳池少得可憐，以我們小朋友能負擔得起的，除了「東門」，就是「再春」了，那時我們住在內湖，所以當然都往「再春」跑。

好像和我一樣選擇的人特別多，所以每次去「再春」游泳池時都人滿為患，浸在水裡與其說游泳，不如說是泡水，因為人多到連手腳伸展的空間都沒有，就連定點站在原地，都會有被人抓到、踢到的危險；所以多半時候，我們都只能上下跳動，感覺水的浮力；要不就把頭埋在水裡，比賽看誰憋氣憋得最久，朱老師小時候是孩子王，所以每次一定要奪得冠軍撐到最後，好幾次險些氣絕在水底；有時站在岸邊，瞅著水中有個空隙，趕緊來個跳水，誰知道飛到半空中，水底突然竄出一個人來，因此莫名其妙就騎在別人頭上了。

那時候從沒聽過有甚麼游泳課的，更不會有人來教你蛙式、自由式的，唯一會的就是狗爬式，只要不會溺水就好了，但是我們仍樂此不疲的往這像公共澡堂的「再春」游泳池擠，因為這是我們小時候唯一可以盡情戲水的機會呀！

現在的游泳池就不一樣了，除了有更寬廣的空間可供真正游泳，甚至還有各式各樣的遊樂設施可戲水，像是滑水道、漂漂池、冰池及各種SPA設備，可以提供所有男女老少在此玩樂一整天的，也難怪游泳池會是暑夏最受歡迎的場域。

當你來到游泳池時，是抱著甚麼樣的心情呢？大概除了少數有恐水症的人，其他大多數的人都是開心的，而且當看到那麼一大池湛藍的水，必定是恨不得即刻便躍入池中嬉戲起來，甚麼暖身運動全都拋在腦後了。

朱老師自從當了媽媽以後，夏天就常帶著女兒到游泳池報到，有時陪她在池裡嬉戲，有時跑到蒸氣室裡做SPA，不過最多時候，我會靜靜坐在池畔，看著戲水的人們在我面前上演著人生百態。當你坐在池邊休息時，真的可以好好觀察來來去去的人們，除了品頭論足他們的身材，還可以發現很多有趣的事呀！

比如沖強力水柱做SPA時，最常會出現爆笑場面，尤其是男生泳褲一定要繫緊，不然一不小心褲子沖掉了，就要害人長針眼了；此外蒸氣室中常備有粗鹽供大家抹在皮膚上去角質，但我每次在做這動作時，都覺得有些熟悉，感覺自己好像在醃鹹豬肉，而且看看四周圍的人，大家似乎都醃得挺開心的。

我也曾陪女兒玩過滑水道，那有五層樓高的水道九彎十八拐的，把人的頭都轉暈了，而且它是封閉型的，完全不知道甚麼時候會到終點，我第一次玩的時候，正當我暈眩到不知天南地北時，便突然墜落水中，而且那張正驚聲尖叫的大嘴，頓時灌進一大口水，嗆得我全然無法呼吸，我跌坐在池底不停掙扎，就在我覺得快要溺斃時，終於找到使力點站了起來，這才發現水深只到膝蓋，想淹死人也難。

每當玩到累了、餓了，我們便會上岸到一旁的小吃部補充一點能量，這時最能熨妥脾胃的就是一碗熱騰騰的泡麵，尤其是又辣又鹹的牛肉泡麵最深得我心，待填飽了肚皮，又是好漢一條，就可以重回游泳池繼續當小魚兒了。

作父母的帶孩子去游泳，最痛苦的是要回家時，似乎沒有一個孩子願意離開這充滿歡樂的地方，於是就看到各種討價還價的拉鋸戰展開，一開始孩子會說：「十分鐘，再十分鐘就好！」十分鐘過了，又開始哀求：「再五分鐘！真的再五分鐘！」最後逼得作爸的、作媽的撂下狠話：「好！你留在這兒，我先回去了。」接著便聽到孩子嚎啕大哭起來，這真是樂極生悲最佳寫照。

朱老師在處理這問題時是有妙招的，我會和女兒說：「該起來囉！再泡下去皮膚會爛掉。」這時很保命的她會看看自己皺得

像話梅的手指頭，然後趕緊從池水裡爬起來，這一招一直到我女兒升國小前都管用喲！

你呢？每當聽到要去游泳池戲水時，都是怎麼樣的心情呢？當你真的來到了泳池畔，是不是也像朱老師一樣，恨不得即刻躍入碧藍的水中當一尾小魚兒呢？而在玩水嬉戲中是不是也遇過甚麼特別有趣的事，讓你至今想起來仍不禁會莞爾，或者你也曾像朱老師一樣，趁著在池畔休憩時，當一個旁觀者，因而看到了甚麼有意思的事，都可以把它一一書寫出來和大家分享。

還有很多小朋友在暑假參加了游泳班，在游泳班所發生的事也是今天可以書寫的題材，比如你遇到的是特別嚴格的教練，他那凶神惡煞的模樣，以及他那魔鬼訓練的方式，都很值得介紹給大家，我也聽說有一些游泳教練的教法很特別，比如教潛水時，他會把銅板撒在水底讓學生去撿拾，誰撿到就是誰的，這倒是滿有趣的訓練方法；另外我也聽過，有的教練喜歡把學生給拋到水裡，這對不喜歡水

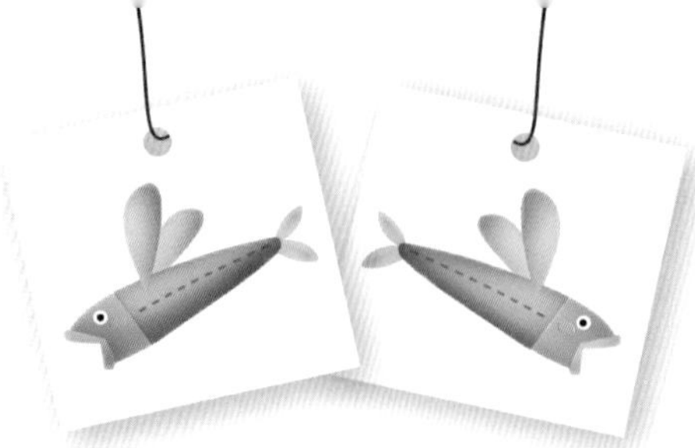

的人來說是一種懲罰，但對喜歡水的人來說就是一種獎勵了，所以我並不知道教練這麼做的目的為何？不過通常很公平的是，這些教練在最後結訓時，也會歡迎學生把他丟入水中——如果大家抬得動他的話。

你曾經上過游泳課嗎？受過甚麼樣課程的洗禮？或者你早已是游泳高手，蛙式、自由式、蝶式、仰式都難不倒你，那麼你也可以把自己學游泳的經驗寫出來，讓人明白你是如何從一個旱鴨子變成水中蛟龍的，這期間一定有許多有意思的事可以和大家分享，所以今天你可以拿出妙筆，生動的把所有發生在游泳池畔，你所看過、聽過、經歷過的事一一寫出來就成啦！

不過，在從事水上活動時，一定要注意安全，即便是在游泳池，仍有潛在的危險，比如千萬不可奔跑，因為地板有水，很容易滑倒，朱老師有一位朋友，就因為在池邊跌倒撞到了頭，又不幸跌入池中，險些兒溺斃；還有千萬別像朱老師小時候那麼皮愛跳水，因為這也是危險動作；此外很重要的就是別逞強，一定要按照自己

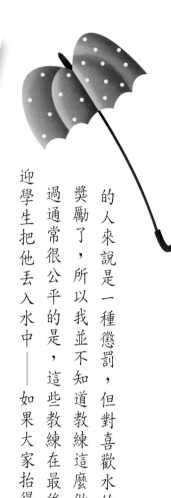

的身高進入合適的池中游泳，就曾有一個孩子仗著自己會游泳，藝高膽大的跳入大人池因此不幸溺水，等救生員發現，一切都已來不及了。所以，我們到游泳池玩耍，是為了消暑、開心，千萬別逞一時之快，讓自己受到傷害了。

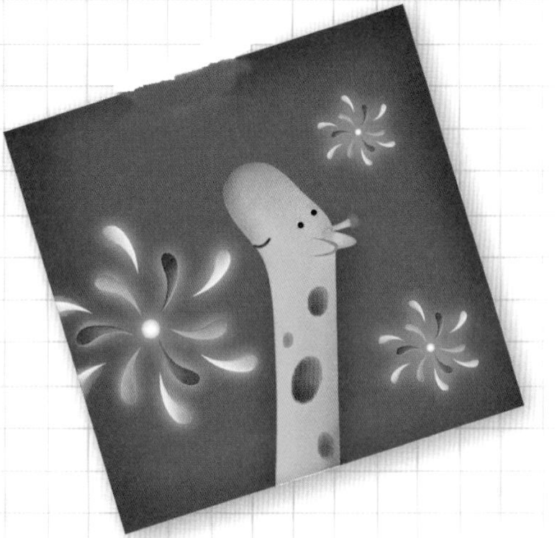

10. 傷心

大人常常覺得童年是最快樂的，小孩子應該是沒甚麼值得憂傷的事，但真是如此嗎？像朱老師小時候成天像個瘋婆子，在外面玩到不知道回家，照理應該是無憂無慮快樂得不得了，但我一樣有傷心難過的時候，比如當身邊的小動物往生時，我就會既悲傷又耽心，深怕這些傻狗傻貓傻魚傻鳥會找不到天堂，回不到天父的身邊，我也會為了再也見不到牠們而黯然淚下。

記得在我小時候，家裡的萊西媽媽生了一窩小狗，其中一隻最小的取名叫「停停」，意思是希望牠的媽媽停止不要再生了。這隻狗很特別，上半身長得像黃金獵犬，但牠的腿卻像臘腸狗一樣短得不像話，牠有一個怪習慣，每次挨罵就往高處爬，越罵牠爬越高，有一次還爬到了電視機上呢！真是令人又氣又好笑。雖然在牠很小時，我們就將牠送給了鄰居，鄰居也對牠很好，吃的住的都比在我們家好，但牠只要逮到機會，還是喜歡回我們家廝混，時間久了，鄰居便對牠沒那麼愛了。

後來有一天牠生病了，倒在鄰居家的院子裡，沒有人照顧牠，媽媽覺得狗已送人了，不好干涉太多，我每天放學都會去看牠，最後一天，我一直守著牠，守到天都黑了，大家都在吃飯了，但我不忍心丟下孤伶伶的牠，只好繼續陪著牠，直到牠斷氣，這件事讓我很傷心，為牠的死亡傷心，也為鄰居對牠漠不關心而難過。

而當好朋友突然轉學了，也會讓我惆悵不已。小學一年

級時，我有一個最要好的朋友，她的名字叫梁玲，她非常的照顧我，會幫我削鉛筆，會督促我寫功課，會提醒我要考試了，可是二年級開學時，卻沒看到她的身影，後來才知道她任軍職的爸爸因工作調到南部去了，她也因此轉學了，我很想念她，卻不知該怎麼樣才能再看到她。

有一天，我在外面玩瘋了，天快黑了才回家，一進門，媽媽就急急切切的問我跑哪兒去了，說梁玲特別從南部北上回來看我，等我等了半小時，不得已才走了。我聽了即刻跑出去，直跑到村子口，但完全看不到一個人影，我很難過也很生氣，我氣自己為甚麼那麼貪玩，因此錯過了和梁玲見面的機會，我永遠忘不了那個黃昏，我站在村子口，讓傷心懊悔的淚水流得一臉都是，後來我和她真的再也沒見面了。

而分班時必須和同窗多年的朋友分開，再也不能和他們朝夕相處，這一樣會令我難過。在我六年級時，因為各班人數太多，便從每個班抽調了一些人另組一個新班，我就屬於被抽中的一員，因此必須和死黨分開、必須和待了五年的班級說再見，那真不好受，有一種被拋棄的感覺，好像原來的班級、原來的導師不要我了。我因此有些自暴自棄，玩得更瘋了，課業也不太管，舊的班級我是連經過都不想，躲死黨、躲以前的老師，甚麼人都不想理。

是後來畢業了，我才輾轉聽說，當時編新班，完全是由新班老師主導，所以我是被挑選出來的，而不是被舊班級淘汰出去的，但一切都已遲了，我的小學六年級是這麼不快樂度過的，而我也錯怪了許多人。

你呢？曾有甚麼事會讓你傷心到落淚？親人往生？好朋友不理你了？？你暗戀的對象喜歡別的人了？大人說話不算話，答應你的事卻黃牛

了？或者是心愛的玩具壞了？珍藏的寶貝不見了？考試考砸了？在學校被老師冤枉了又不敢辯解？手足之間發生糾紛時，卻覺得父母偏心，做了不公平的處理？

作哥哥姊姊的人，常覺得父母老是偏袒年紀比較小的弟弟妹妹，發生任何事時，父母都要大的讓小的，即便弟弟妹妹做出很不合理的事，卻仍要你退讓，只因為他們小不懂事？那要讓到甚麼時候呢？這是天天都會發生的事，也因此可能會讓你煩到不行、氣到不行，以致傷心的覺得父母偏心、只愛弟弟妹妹了。

而作弟弟妹妹的也有滿肚子委屈要說，為什麼哥哥姊姊可以做的事，他們卻不能做？而且哥哥姊姊都好兇、好小器，還會趁父母不在時欺負他們。朱老師小時候暑假住在外公家，二姊就曾趁父母遠在臺北瞎整過我，說我是外面撿回來的，不是父母親生的孩子，這讓我自哀自憐了一個下午，直到吃晚餐時，姊姊才告訴我那是開玩笑的，真的把我氣到哭。但我想，在整個成長的過程中，姊姊一定也曾被我這個作妹妹的弄到心煩意亂、傷心不止一次吧！

至於考試考壞了，被父母責備時，你是不是也會難過不已？考砸了本就不好過了，在學校已被老師數落了一頓，回到家又被父母臭罵一頓，那真是雪上加霜呀！此外受冤枉又不能辯解時，那委屈才真教人難過到落淚，尤其大人在盛怒時，你想解釋，卻被當成頂嘴、強辯，真是有理也說不清，搞不好當你因此委屈落淚時，還被罵得更兇，所以會讓小朋友傷心的事，真的是太多了。

今天我們可以從過往的經驗中先選出兩三件傷心的事來寫，除了敘述事情發生的緣由、經過，還可以深刻的描繪傷心時的心裡狀況，像女生難過時，很直接的就會掉眼淚，哭得淚如雨下都沒關係；可是男生就不同了，一掉淚就會被笑話，那怎麼辦呢？

只好努力的「ㄍㄧㄣ」住，硬把眼淚往回吞，要不就躲起來，偷偷掉眼淚嘍！

其實人遇到傷心事，好好痛哭一場是有益身心健康的，比憋在心裡要好多了，或者除了哭泣落淚，你還有更好排解舒緩情緒的方法，像是男生或許就可以選擇在大太陽底下好好打一場球，讓汗水代替淚水洗去一切憂傷；而女生呢？則可以找自己的閨中密友傾訴一番，一方面可抒發情緒，另一方面則可以趁著傾訴時，好好整理一下思緒，讓自己知道接下來要如何面對這樁傷心事，這經驗分享的部分也可以擺在文章最後，給所有人做參考。

像朱老師每次遭遇難過到不可解的事情時，我會選擇先倒頭大睡一場，等睡醒時，也許就會覺得事情沒有想像中那麼嚴重，而且一頓飽覺後，身心狀況也比較健全，會更有力氣面對及解決問題，這對我來說是很有效的抒解負面情緒的方法，你不妨也可以試試看呦！

11. 聞香下馬

每當家裡有甚麼值得慶祝的事，或者媽媽工作太累，罷工不想下廚時，你們會出外用餐嗎？是甚麼樣的餐廳或小館子會受到你們的青睞呢？或者你們家平時父母都很忙，沒時間料理三餐，以外食居多，幾乎可說是「老外」一族，那麼通常你們又是到哪裡進食呢？今天我們就要來談談你所光顧過的、會令你口齒留香、想一去再去的攤子或餐館。

一家令人戀戀難忘的餐館該具備甚麼條件呢？首先它的食物一定要好吃，如果它所料理出來的菜餚不是色香味俱全，那麼就算它的價格再便宜，環境再優美，相信仍然很難吸引顧客上門的，所以美味是一定要具備的條件。像朱老師在外食時就很堅持這一點，即便它只是一個攤子，人潮擁擠，甚至還必須和不認識的人肩並肩一起用餐都沒關係，只要它夠好吃，就算長途跋涉我也願意，像景美夜市裡的米粉湯對我而言，就具有這樣的魅力，一想到那炸的外酥內軟的油豆腐，配上高湯熬煮的米粉湯，口水便湧了出來，所以每當我到臺北辦事，如果要用餐，它永遠會是我第一選擇。

而如果是去北海岸遊玩，晚上我一定會去基隆廟口夜市報到，那裡有讓我念茲在茲的「石頭鄉烤玉米」，它的糯玉米香Q飽滿，所塗抹的烤醬也美得不得了，一般的烤玉米醬總是辛香料放太重，遮掩了玉米原有的甜香，這家就不會，它的醬汁調配得恰恰好，和那香Q的糯玉米真的是絕配，每次我吃一支不夠，一定要左右手各拿一支，才能滿足我期待已不知多久的口腹。

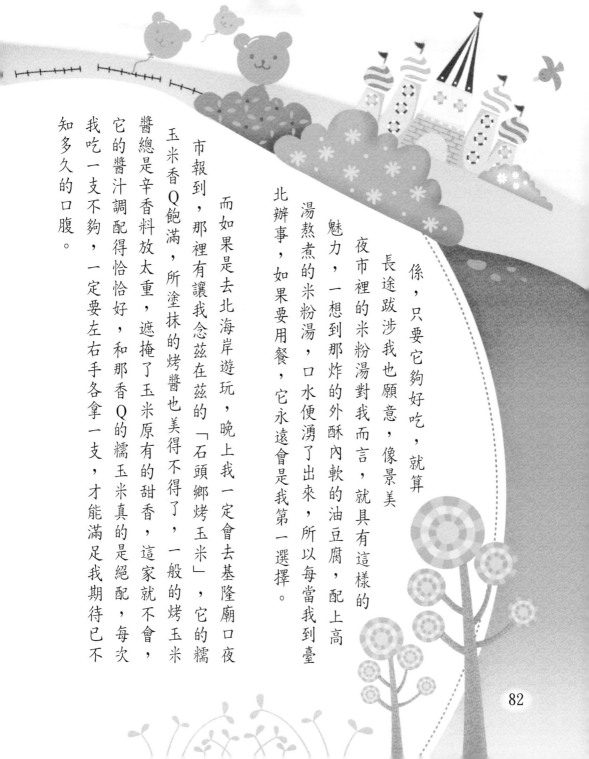

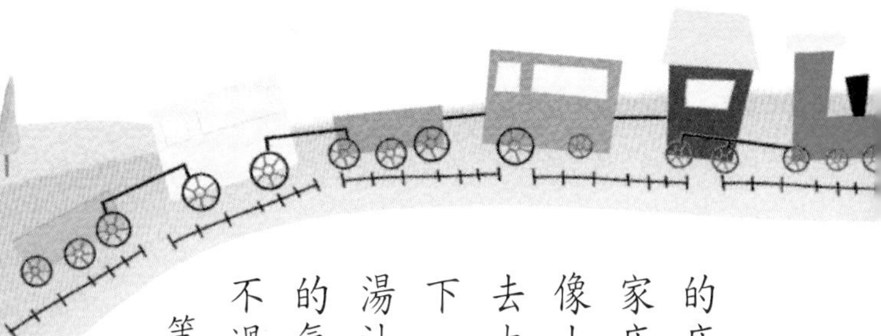

廟口夜市裡還會讓我引頸翹首的，就是一個專賣清燉豬腳的店家，它的湯頭濃郁得令人難忘，卻一點也不膩味，走近這家店前，便可看到像澡盆一樣大的鍋子放在灶上，裡面是堆得像小山一樣高的豬腳、豬蹄膀，熱騰騰滿是香氣的引誘著你進去大快朵頤一番，等你選好了腳蹄，老闆便會將肉從豬骨上剔下，切成一塊一塊的，放在大碗公裡，再淋上那濃郁到不行的湯汁，便整碗擱在你面前，很有梁山好漢大塊肉吃、大碗酒喝的氣魄，那連皮的肉塊滑潤又有嚼勁，令人吃了吮指回味呀！不過付賬時，也要拿出些氣魄，因為它的價位可不是夜市地攤等級的，著實不便宜。

除了美味可口，一家餐廳具不具備特色也很重要，即便同樣是日本料理、義大

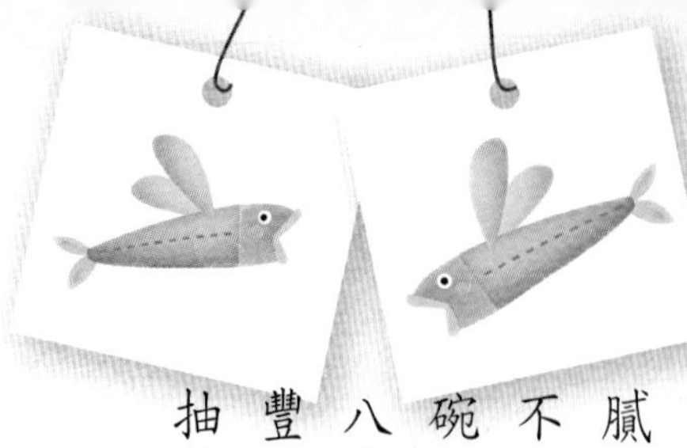

利餐廳、美式漢堡店，但它就是會有屬於自己的私房菜，是別人學不來的招牌菜，比如大家耳熟能詳、已紅到海外去的「鼎泰豐」，它的小籠包便是一絕，任誰也難與它匹敵，但其實我最愛吃的是它的小菜，尤其是四川泡菜，酸度、鹹度都恰恰好，每當吃了油汪汪的小籠包，再用這爽脆的泡菜來殺膩，真是再適合不過了。它的酸辣湯也是一絕，不胡亂添加任何東西，味道正又順口，會讓人一碗接一碗、喝再多也不膩，最後再以豆沙粽或八寶飯畫下句點，就再完美不過了。而「鼎泰豐」的缺點就是必須要排隊，到那兒用餐還需要抽號碼牌呢！還有，就是價位也高了些。

所以價錢也是外食的考量之一，如果餐廳太過高檔，那麼只能偶爾光臨一次，反而是那些比較平價或藏在巷弄裡的風味小館很值得我們推荐給大家，像這樣比較特別的店，往往也會有一些小故事在其中，包

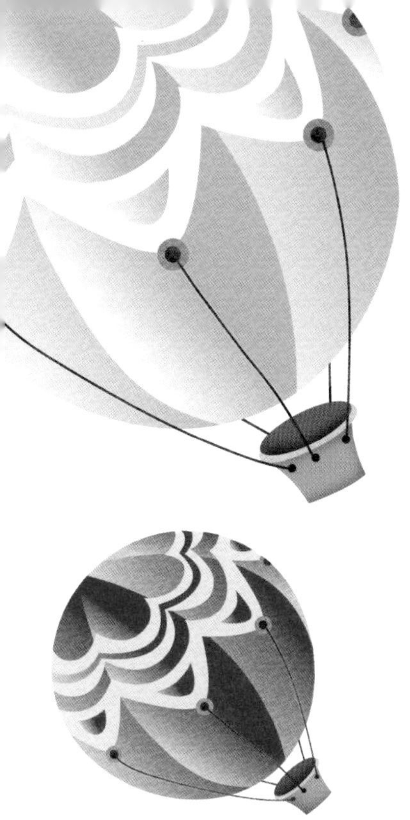

括它可能是個歷史悠久的老店，他們的風味餐可能已經過了幾代相傳，甚至光是一鍋滷汁就有好幾十年的歷史，到那兒用餐，也彷彿走進了時光隧道般，分享了別人的家族史。像在我所居住的關西鎮上，每一家客家餐廳無不打著四十年老店、五十年老店，甚至百年老店的都有，走進這些老店，常可看到牆壁上都布滿了遊客簽名，若仔細搜尋，還可以看到不少名人夾雜在其中呢！

或者老闆是個很有個性的人，到他的店裡消費還得遵守他

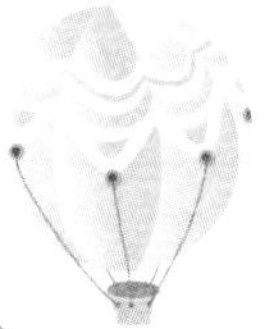

的規矩，我就去過這樣的館子，首先點菜就由不得你，因為他們是連菜單都沒有，菜色、菜量全由老闆張羅，頂多你只能跟他反應有些東西會過敏不能吃，如果你還想多囉嗦幾句，保證會換來一頓白眼。

我就曾遇過一位藝術家，她開的餐廳非常幽靜，音樂輕輕柔柔的，裡面還掛了一個牌子寫著「請輕聲細語」，聽說曾有客人在用餐時因過度喧嚷，飯吃到一半，便被這藝術家女主人給請出去

了。這些有個性的餐廳經營者，自有他們的原則，若違反了規矩，他們是寧可得罪人，也不賺這錢的，不過如果他覺得和你很投緣，那麼連私房菜都可能端出來，而且還是特別招待不算錢呢！這應該就是它會留住顧客的緣故吧。

當然，現在花園餐廳也正火紅，這些餐廳多半都開在郊區或山林間，出外踏青，順便在風景優美之處用餐，也是一種難得的享受。雖然這樣的餐廳都不會便宜，但因為有遼闊的視野，寬廣的空間，及美麗的庭園佐餐，大人可以吃著聊著，小孩則一邊玩一邊吃，一家大小便可以愜意的共享一段美好時光，雖然所費不貲，但一切似乎也都值得。

所以有的餐館賣的不僅是美食，還包括了它的裝潢、它的風景，相

信這也會是大家在選擇用餐地點時會考量的部分，如果一家餐館提供的菜餚再好吃，但它的環境卻雜亂不堪，或衛生條件堪慮，甚至上個洗手間，便嚇得你差點當場還席（嘔吐），那麼就算再便宜、再好吃，可能都沒有人敢再上門了。

今天我們在寫這一篇文章時，可以想像一下自己好像一個美食記者，與大家分享自己曾經去過又十分喜歡的餐廳，你可以介紹它的店名，位在何處，它是一家甚麼風味的餐館，或者它只是個路邊攤都可以，它的招牌菜是甚麼？它的滋味如何？它的價格合理嗎？至於裝潢、衛生條件也都是你可以細細描述、讓大家知道的，如果再佐以關於這家店的歷史或故事，那就更吸引人了。總之，如果因為你的文字介紹，而讓人想親自走一遭，聞香下馬的去品嚐一番你所推荐的美食餐廳，那麼，你這美食記者可就成功啦！

12. 幸福公式

幸福是每個人一生都在追求的，但每個人對幸福的定義都不盡相同，甚至隨著年齡的增長，對幸福的要求也會隨著改變，像老年人可能覺得無病無痛、兒孫孝順、有人陪伴便是幸福；對剛步入社會的年輕人來說，能找到好工作、有戀愛可談、存到一筆成家基金就是幸福；對還在讀書的學生來說，考試考好、人際關係融洽、有時間做自己想做的事才叫幸福。

所以人生每個階段對幸福的定義都不太相同。我還記得在求學階段時，永遠為考不完的試忙得焦頭爛額，那段時間又正好是青春發育期，正需要充足的睡眠，但每天為了應付這些考試而筋疲力盡，常常留校晚自習回到家已七點了，吃完晚飯回到房間，看著書桌與床便天人交戰的不知該投靠何處。

有幾次忍不住先倒在床上，滿以為還穿著制服、背著書包，睡一睡一定會起來，誰知道等眼睛再張開時，已是第二天清晨了，想到還沒準備的考試，人真的是絕望到了極點。其實就算前一晚選擇的是書桌，也常坐在課本前打一晚上的瞌睡，有一次半夢半醒寫著英文作業，竟然把中文的夢話都寫了進去，真箇是欲哭無淚。

那時的我永遠都覺得睡眠不足，所以國中階段，對我而言最大的幸福就是聯考趕快過去，好讓我倒頭睡個三天三夜。我女兒讀國中高中時，也遺傳了我這嗜睡的毛病，所以曾被同住的叔叔笑她是：「小考小睡，大考大睡，不考也睡。」我想那時候，屬於她的幸福一定是睡眠、睡眠，還是睡眠。

而現在你問我幸福是甚麼？我會告訴你，我希望休息時間能多一些。朱老師平常真的滿忙的，除了週一到週六都要上課外，不時還要去一些地方演講，家裡的貓貓狗狗也要照顧，即便是週日也常有客人來訪，如果這時又蹦出一些額外的事，便會感到吃不消，體力有些不堪負荷。所以偶而有個長假，讓我能在家裡閒散閒散，陪陪貓狗、整整庭園、看看書，這便是最大的幸福。

你呢？甚麼事情會讓你有幸福的感覺？和家人一塊出外遊玩？和朋友聚在一起做自己喜歡做的事？和自己最愛的同伴動物廝玩在一起？聖誕節時收到期盼已久的禮物？新年時領到一大堆的壓歲錢？生日時有許多人為你慶生？美食當前大快朵頤？置身在玩具堆裡讓你玩樂不盡？或是大病初癒後發現健康才是最重要的？或

者就只是週休二日時，待在家裡甚麼也不做，睡到自然醒、吃到自然飽，愜意的度過這兩天的假期，養足了精力，才好面對接下來一個禮拜的衝刺。

只要我們靜下心來，便會發現有太多太多可以讓我們幸福滿溢的人、事或物，今天我們便可以選出其中三樣事物組成我們的幸福公式，比如朱老師目前的幸福公式就是「健康」＋「閱讀」＋「假期」。我一直認為人要健康才能完成自己想做的事，如果人生病了，不僅夢想變得好遙遠，連手邊該做的事都做不到，一切都成夢幻泡影，那是好喪氣的事，所以健康是最重要的。

而每天閱讀不止帶給我快樂，它還是我的充電器，能讓我氣力滿滿，有足夠的智慧去處理每天發生的事，而且透過文字，可以分享別人所思所想，及他的人生經驗，這是很美好的事。我們每個人都只能選擇一種方式度過我們的人生，但經由閱讀，我們卻可以體會無數的生命歷程，彷彿經歷了許多的人生，這就是閱讀最大的魅力。

此外，閱讀可以和古今中外所有的作者對話，它可以讓我們跨越時空，直接和古人、外國人對話，李白、蘇軾的詩，就算隔了千年還是一樣能打動我們的心，而寫了「魔戒」、「哈利波特」、「龍紋身的女孩」、「蘇西的世界」、「姐姐的守護者」……的作者，雖然都是外國人，但透過翻譯，我們一樣都能理解他們的所思所想，也能明白原來在世界的另一個角落，有人是這麼活著的，這真的是很奧妙的體驗，所以每個晚上，朱老師只要能逮到一些時間，沉浸在閱讀的世界裡，就覺得好幸福。

你的幸福公式是甚麼呢？是由哪些元素所組成的？今天我們可以從生活中挑出三項最能讓我們感受到幸福的人事物，來組成屬於我們個人的幸福公式，它可能是家人、朋友

或同伴動物，也可能是週休二日、假期及節慶，它也可能是某個玩具、遊戲、運動或休閒娛樂，甚至只是一道美食、一場電影、一次旅行……，都可能為你帶來幸福滿足的感受。

我們可以從其中挑選出三樣，並且細細描述它們所帶給我們的幸福感受，比如一道期待已久的美食入口時，或爽口酥脆、或入口即化、或香溢齒頰……，那不僅是滿足了口腹之慾，連心靈都被熨妥得服服貼貼，甚至讓人愉悅的想唱起歌來；而一場精彩的電影，也會讓人沉浸在其中，久久都無法忘懷，或者只是單純的走進電影院，一邊吃著爆米花，一邊享受聲光帶來的饗宴，就是一種幸福。

至於旅行，最大的魅力就是可以拋開現實生活中的一切煩惱，在旅程中，每天從睜開眼睛的那一刻起，就有無盡新奇有趣的事等著我們，而且是只需要吃喝玩樂就可以了，功課、考試、補習全都可以不理，這不是幸福是甚麼呢？或者，連出門旅行也不必，只要和自己喜歡的人在一起，做甚麼事都幸福滿溢，也許只是窩在沙發上看電視，擠在書桌前玩電腦遊戲，待在廚房胡亂做一些吃的喝的，或靜靜躺在床上聊聊天，這對相看兩不厭的人來說，就是一種簡單的幸福。朱老師這裡指的可不只是情人，親人、好朋友，甚至是同伴動物都可能為你帶來這種簡單幸福的感覺喲！

所以今天只要是能為你帶來幸福感受的人事物，都可以是你的幸福元素，把它挑選出來，並組成專屬你的幸福公式，經由書寫，除了可以讓大家分享你的愉悅，還可以讓自己重溫一次那幸福的滋味，並從而懂得去珍惜這些帶給我們美好感受的人事物喲！

遊戲讀本

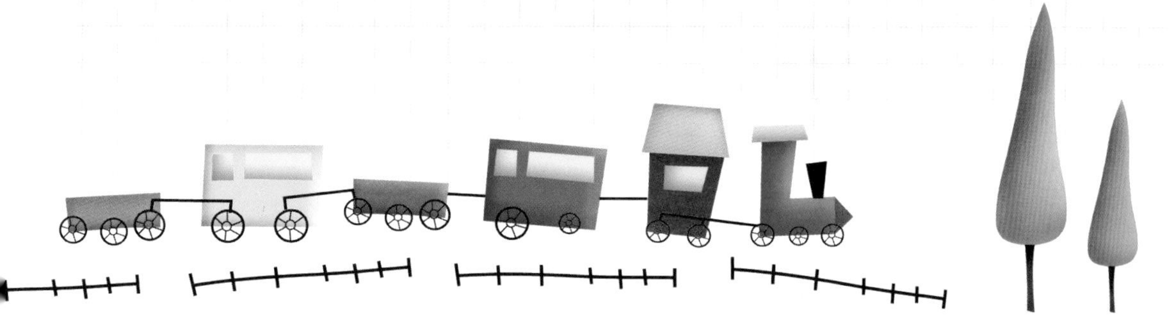

一、成語練習

（一）紙上動物園

在日常生活中，無論是透過談話、故事，或經由電視、書本，我們的腦海就像電腦一樣儲存了各式各樣的成語，今天我們以「動物」為範圍，下達指令，將腦海中所有關於「動物」的成語，全叫喚出來，接著再以造句或短文的方式，學習如何活用這些成語。

凡是成語中會出現的動物（不包含人在內呦！），不管牠真實存在與否，都在這個遊戲的範圍中。如：

狗（犬）　貓　鼠（耗子）

馬　牛　羊　豬　兔　猴

雞　鴨　鵝

烏　鴉　雀　鶯　燕

鳩 鵲 鵰 鵬 鷸 雁

獅 虎 豹 熊 象 鹿

狼 狽 豺 獐 狐 貉 貂

蛇 龜 魚 蝦 蟹 鯨

龍 鳳 凰 麟

答案：

虎父無犬子

對牛彈琴

狡兔三窟

鴨子聽雷

鴉雀無聲

鳩占鵲巢

鷸蚌相爭

虎視眈眈

盲人摸象

狼狽為奸

貓鼠同眠

亡羊補牢

沐猴而冠

千里鵝毛

黃鶯出谷

一箭雙鵰

魚雁往返

豹眼圓睜

鹿死誰手

豺狼虎豹

馬首是瞻

豬狗不如

雞犬不寧

鳥語花香

身輕如燕

鵬程萬里

河東獅吼

熊心豹膽

狼吞虎嚥

獐頭鼠目

狐假虎威　一丘之貉　狗尾續貂
杯弓蛇影　龜毛兔角　如魚得水
蝦兵蟹將　鯨吞蠶食　龍飛鳳舞
鳳毛麟角　鳳凰于飛　喜獲麟兒

（小叮嚀每一種動物不限一個成語，盡其所能寫愈多愈好呦！）

（二）成語造句

1. 龍爭虎鬥、鹿死誰手
2. 狐群狗黨、一丘之貉
3. 鶴立雞群、馬首是瞻
4. 縱虎歸山、亡羊補牢
5. 門可羅雀、車水馬龍
6. 鳥語花香、如魚得水
7. 對牛彈琴、河東獅吼

8. 馬不停蹄、馬到成功

9. 虎視眈眈、狼吞虎嚥

10. 老態龍鍾、龍馬精神

(三) 成語解釋

1. 龍爭虎鬥：兩強相爭，不分上下。
2. 鹿死誰手：最後勝出者。
3. 狐群狗黨：一群做惡的人聚集在一起。
4. 一丘之貉：同樣劣質的小人。
5. 鶴立雞群：表現優異，超越同儕許多。
6. 馬首是瞻：為人所追隨的標的。
7. 縱虎歸山：縱放強人惡者，任他再度威脅他人。
8. 亡羊補牢：出了問題，趕緊補救，讓損害降低。
9. 門可羅雀：生意清淡，乏人問津。

10. 車水馬龍：人來人往，繁華熱鬧的景況。

11. 鳥語花香：形容氣候宜人，景色美好。

12. 如魚得水：得到自己喜歡的事物，或處在令自己愉悅的境況中。

13. 對牛彈琴：所說的話別人不能理解；或者說話不看對象。

14. 河東獅吼：生性嫉妒兇悍的女性；或指女性發怒發威。

15. 馬不停蹄：非常忙碌，到處奔走。

16. 馬到成功：順利取得勝利的果實。

17. 虎視眈眈：貪婪又惡狠狠的盯著目標。

18. 狼吞虎嚥：吃東西又猛又急，吃相不佳。

19. 老態龍鍾：年老體衰，行動遲緩不靈活。

20. 龍馬精神：身心暢旺，精神翼翼。

二、燈謎

（一）猜字

1. 弄璋之喜↓↓（　　）
2. 弄瓦之喜↓↓（　　）
3. 心不在焉↓↓（　　）
4. 成吉思汗↓↓（　　）
5. 獨眼龍↓（　　）
6. 巧奪天工↓↓（　　）
7. 含羞帶喜↓↓（　　）
8. 一波三折↓↓（　　）
9. 閏　月↓↓（　　）
10. 念　頭↓↓（　　）
11. 燈　籠↓↓（　　）
12. 刀出鞘↓↓（　　）
13. 公而忘私↓↓（　　）
14. 一箭穿心↓↓（　　）
15. 心心相連↓↓（　　）
16. 半本春秋↓↓（　　）
17. 縱橫交錯↓↓（　　）
18. 獨具匠心↓↓（　　）
19. 千里相逢↓↓（　　）
20. 走投無路↓↓（　　）

21. 國慶日↓↓（　　　）

22. 一夫當關↓↓（　　　）

23. 找到一半↓↓（　　　）

24. 分　手↓↓（　　　）

25. 割　稻↓↓（　　　）

26. 聖　旨↓↓（　　　）

（二）猜成語

1. 八分之七↓↓（　　　）
2. 回↓↓（　　　）
3. 芭　蕉↓↓（　　　）
4. 鸚　鵡↓↓（　　　）
5. 奶　茶↓↓（　　　）
6. 啞　巴↓↓（　　　）
7. 反　芻↓↓（　　　）
8. 危險住宅↓↓（　　　）
9. 翹翹板↓↓（　　　）
10. 呀↓↓（　　　）
11. 飛　雪↓↓（　　　）
12. 賽　跑↓↓（　　　）

答　案

（一）猜　字

1. 弄璋之喜↓↓甥
2. 弄瓦之喜↓↓姓
3. 心不在焉↓↓忿
4. 成吉思汗↓↓玩
5. 獨眼龍↓↓省
6. 巧奪天工↓↓人
7. 含羞帶喜↓↓善
8. 一波三折↓↓皮
9. 閏　月↓↓朋
10. 念　頭↓↓今
11. 燈　籠↓↓炮
12. 刀出鞘↓↓力
13. 公而忘私↓↓八

14. 一箭穿心↓↓必
15. 心心相連↓↓患
16. 半本春秋↓↓秦、香
17. 縱橫交錯↓↓井
18. 獨具匠心↓↓斤
19. 千里相逢↓↓重
20. 走投無路↓↓亞
21. 國慶日↓↓朝、萌
22. 一夫當關↓↓閃
23. 找到一半↓↓划
24. 分　手↓↓扮
25. 割　稻↓↓利
26. 聖　旨↓↓玲

（二）猜成語

1. 八分之七→→七上八下
2. 回→→表裡如一
3. 芭蕉→→粗枝大葉
4. 鸚鵡→→人云亦云
5. 奶茶→→水乳交融
6. 啞巴→→有口難言
7. 反芻→→吞吞吐吐
8. 危險住宅→→海市蜃樓、空中樓閣
9. 翹翹板→→此起彼落
10. 呀→→脣齒相依
11. 飛　雪→→天女散花
12. 賽　跑→→爭先恐後

三、字音辨正

1. 「褪」色→→（　）
2. 粗「糙」→→（　）
3. 布「匹」→→（　）
4. 童「玩」→→（　）
5. 植「被」→→（　）
6. 獎「券」→→（　）
7. 「掣」肘→→（　）
8. 「褫」奪→→（　）
9. 「倩」影→→（　）
10. 「憮」然→→（　）
11. 「庇」護→→（　）
12. 狹「隘」→→（　）
13. 「驀」然→→（　）
14. 鞭「笞」→→（　）
15. 「吮」指→→（　）
16. 「恪」遵→→（　）
17. 「曝」晒→→（　）
18. 抖「擻」→→（　）
19. 洗「滌」→→（　）
20. 「瀑」布→→（　）
21. 收「斂」→→（　）
22. 「眺」望→→（　）

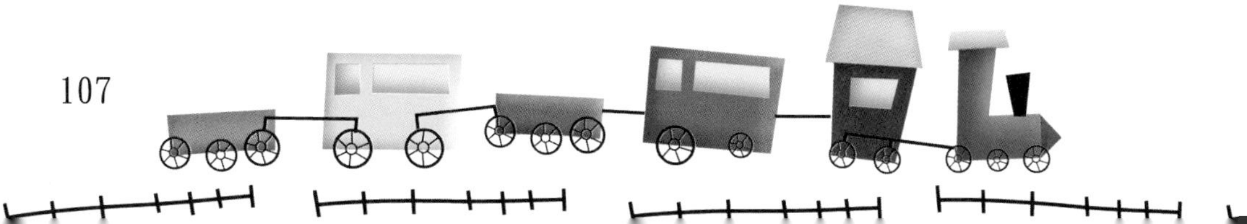

23. 「矗」立↓↓（　　）
24. 「湍」急↓↓（　　）
25. 抽「噎」↓↓（　　）
26. 雕「塑」↓↓（　　）
27. 「黝」黑↓↓（　　）
28. 「謳」歌↓↓（　　）
29. 「罕」見↓↓（　　）
30. 「拓」荒↓↓（　　）
31. 咀「嚼」↓↓（　　）
32. 「沁」涼↓↓（　　）
33. 依「傍」↓↓（　　）
34. 「覓」食↓↓（　　）
35. 搖「曳」↓↓（　　）

36. 澎「湃」↓↓（　　）
37. 閃「爍」↓↓（　　）
38. 「碩」大↓↓（　　）
39. 「漆」黑↓↓（　　）
40. 體「魄」↓↓（　　）
41. 一丘之「貉」↓↓（　　）
42. 死心「塌」地↓↓（　　）
43. 眾口「鑠」金↓↓（　　）
44. 虎視「眈眈」↓↓（　　）
45. 「綽綽」有餘↓↓（　　）
46. 滿腹經「綸」↓↓（　　）
47. 「揠」苗助長↓↓（　　）
48. 相形見「絀」↓↓（　　）

49. 「兢兢」業業→↓（　）

50. 風聲鶴「唳」→↓（　）

51. 作繭自「縛」→↓（　）

52. 「屹」立不搖→↓（　）

53. 依山「傍」水→↓（　）

54. 一葉「扁」舟→↓（　）

55. 鬼鬼「祟祟」→↓（　）

56. 憤世「嫉」俗→↓（　）

57. 參「差」不齊→↓（　）

58. 「否」極泰來→↓（　）

59. 張牙舞「爪」→↓（　）

60. 冷嘲熱「諷」→↓（　）

答案

1. 「褪」色→↓ㄊㄨㄣˋ

2. 粗「糙」→↓ㄘㄠ

3. 布「匹」→↓ㄆㄧˇ

4. 童「玩」→↓ㄨㄢˊ

5. 植「被」→↓ㄅㄟˋ

6. 獎「券」→↓ㄑㄩㄢˋ

7. 「掣」肘→↓ㄔㄜˋ

8. 「褫」奪→↓ㄔˇ

9. 「倩」影→↓ㄑㄧㄢˋ

10. 「憮」然→↓ㄨˇ

11. 「庇」護↓↓ㄅㄧˋ

12. 狹「隘」↓↓ㄞˋ

13. 「驀」然↓↓ㄇㄛˋ

14. 鞭「笞」↓↓ㄔ

15. 「吮」指↓↓ㄕㄨㄣˇ

16. 「恪」遵↓↓ㄎㄜˋ

17. 「曝」晒↓↓ㄆㄨˋ

18. 抖「擻」↓↓ㄙㄡˇ

19. 洗「滌」↓↓ㄉㄧˊ

20. 「瀑」布↓↓ㄆㄨˋ

21. 收「斂」↓↓ㄌㄧㄢˋ

22. 「眺」望↓↓ㄊㄧㄠˋ

23. 「矗」立↓↓ㄔㄨˋ

24. 「湍」急↓↓ㄊㄨㄢ

25. 抽「噎」↓↓ㄧㄝ

26. 雕「塑」↓↓ㄙㄨˋ

27. 「黝」黑↓↓ㄧㄡˇ

28. 「謳」歌↓↓ㄡ

29. 「罕」見↓↓ㄏㄢˇ

30. 「拓」荒↓↓ㄊㄨㄛˋ

31. 咀「嚼」↓↓ㄐㄩㄝˊ

32. 「沁」涼↓↓ㄑㄧㄣˋ

33. 依「傍」↓↓ㄅㄤˋ

34. 「覓」食↓↓ㄇㄧˋ

35. 搖「曳」↓↓ㄧˋ

36. 澎「湃」↓↓ㄆㄞˋ

37. 閃「爍」→→ㄕㄨㄛˋ
38. 「碩」大→→ㄕㄨㄛˋ
39. 「漆」黑→→ㄑㄧ
40. 體「魄」→→ㄆㄛˋ
41. 一丘之「貉」→→ㄏㄜˊ
42. 死心「塌」地→→ㄊㄚ
43. 眾口「鑠」金→→ㄕㄨㄛˋ
44. 虎視「眈眈」→→ㄉㄢ
45. 「綽」綽有餘→→ㄔㄨㄛˋ
46. 滿腹經「綸」→→ㄌㄨㄣˊ
47. 「揠」苗助長→→ㄧㄚˋ
48. 相形見「絀」→→ㄔㄨˋ

49. 「兢」兢業業→→ㄐㄧㄥ
50. 風聲鶴「唳」→→ㄌㄧˋ
51. 作繭自「縛」→→ㄈㄨˊ
52. 「屹」立不搖→→ㄧˋ
53. 依山「傍」水→→ㄅㄤ
54. 一葉「扁」舟→→ㄆㄧㄢ
55. 鬼鬼「祟祟」→→ㄙㄨㄟˋ
56. 憤世「嫉」俗→→ㄐㄧˊ
57. 參「差」不齊→→ㄘ
58. 「否」極泰來→→ㄆㄧˇ
59. 張牙舞「爪」→→ㄓㄠˇ
60. 冷嘲熱「諷」→→ㄈㄥˋ

四、改錯字

1. 亡羊捕牢↓↓（　　）
2. 手足無錯↓↓（　　）
3. 心不在馬↓↓（　　）
4. 守豬待免↓↓（　　）
5. 一見如固↓↓（　　）
6. 出奇至勝↓↓（　　）
7. 步步為羸↓↓（　　）
8. 破斧沉舟↓↓（　　）
9. 眼花瞭亂↓↓（　　）
10. 壯志未仇↓↓（　　）
11. 勤能補茁↓↓（　　）
12. 一克千金↓↓（　　）
13. 中流底柱↓↓（　　）
14. 並駕齊趨↓↓（　　）
15. 手屈一指↓↓（　　）
16. 笑容可鞠↓↓（　　）
17. 戰戰競競↓↓（　　）
18. 心浮氣燥↓↓（　　）
19. 可歌可氣↓↓（　　）
20. 偃苗助長↓↓（　　）
21. 美侖美奐↓↓（　　）
22. 濫芋充數↓↓（　　）

23. 剛毅木納↓↓（　）

24. 文質賓賓↓↓（　）

25. 張牙舞抓↓↓（　）

26. 固步自封↓↓（　）

27. 不共載天↓↓（　）

28. 庸庸錄錄↓↓（　）

29. 天花亂醉↓↓（　）

30. 明花有主↓↓（　）

31. 精疲力盡↓↓（　）

32. 煮豆燃箕↓↓（　）

33. 冒然行事↓↓（　）

34. 千鈞一法↓↓（　）

35. 一語中地↓↓（　）

36. 一食二鳥↓↓（　）

37. 兩全齊美↓↓（　）

38. 好高鶩遠↓↓（　）

39. 天公開物↓↓（　）

40. 不修篇幅↓↓（　）

41. 剛復自用↓↓（　）

42. 居心否測↓↓（　）

43. 不逕而走↓↓（　）

44. 根深蒂固↓↓（　）

45. 人聲頂沸↓↓（　）

46. 頂頂大名↓↓（　）

47. 原形必露↓↓（　）

48. 心肝情願↓↓（　）

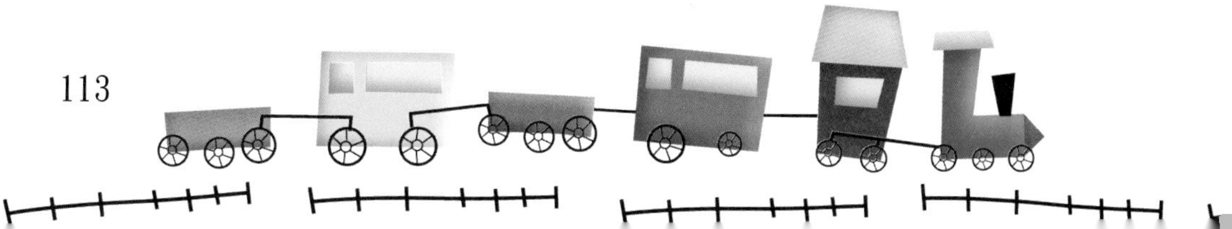

49. 怨天由人→→（　　）

50. 出類拔粹→→（　　）

51. 小心異異→→（　　）

52. 一見鐘情→→（　　）

53. 東施笑顰→→（　　）

54. 來龍去賣→→（　　）

55. 洋眉吐氣→→（　　）

56. 頑事不恭→→（　　）

57. 前車之見→→（　　）

58. 披星載月→→（　　）

59. 百口莫辨→→（　　）

60. 百步穿羊→→（　　）

答案

1. 亡羊「捕」牢→→亡羊補牢
2. 手足無「錯」→→手足無措
3. 心不在「馬」→→心不在焉
4. 守「豬」待免→→守株待兔
5. 一見如「固」→→一見如故

6. 出奇「至」勝→→出奇制勝

7. 步步為「贏」→→步步為營

8. 破「斧」沉舟→→破釜沉舟

9. 眼花「瞭」亂→→眼花撩亂

10. 壯志未「仇」→→壯志未酬

11. 勤能補「茁」→→勤能補拙

12. 一「克」千金→→一刻千金

13. 中流「底」柱→→中流砥柱

14. 並駕齊「趨」→→並駕齊驅

15. 「手」屈一指→→首屈一指

16. 笑容可「鞠」→→笑容可掬

17. 戰戰「競競」→→戰戰兢兢

18. 心浮氣「燥」→→心浮氣躁

19. 可歌可「氣」→→可歌可泣

20. 「偃」苗助長→→揠苗助長

21. 美「侖」美奐→→美輪美奐

22. 濫「芉」充數→→濫竽充數

23. 剛毅木「納」→→剛毅木訥

24. 文質「賓賓」→→文質彬彬

25. 張牙舞「抓」→→張牙舞爪

26. 「固」步自封→→故步自封

27. 不共「載」天→→不共戴天

28. 庸庸「錄錄」→→庸庸碌碌

29. 天花亂「醉」→→天花亂墜

30. 「明」花有主→→名花有主

31. 「精」疲力盡→→筋疲力盡

32. 煮豆燃「箕」→→煮豆燃萁

33. 「冒」然行事→→貿然行事

34. 千鈞一「法」→→千鈞一髮

35. 一語中「地」→→一語中的

36. 一「食」二鳥→→一石二鳥

37. 兩全「齊」美→→兩全其美

38. 好高「物」遠→→好高騖遠

39. 天「公」開物→→天工開物

40. 不修「篇」幅→→不修邊幅

41. 剛「復」自用→→剛愎自用

42. 居心「否」測→→居心叵測

43. 不「逕」而走→→不脛而走

44. 根深「蒂」固→→根深柢固

45. 人聲「頂」沸→人聲鼎沸

46. 「頂頂」大名→鼎鼎大名

47. 原形「必」露→原形畢露

48. 心「肝」情願→心甘情願

49. 怨天「由」人→怨天尤人

50. 出類拔「粹」→出類拔萃

51. 小心「異異」→小心翼翼

52. 一見「鐘」情→一見鍾情

53. 東施「笑貧」→東施效顰

54. 來龍去「賣」→來龍去脈

55. 「洋」眉吐氣→揚眉吐氣

56. 頑「事」不恭→頑世不恭

57. 前車之「見」→前車之鑑

58. 披星「載」月↓↓披星戴月

59. 百口莫「辨」↓↓百口莫辯

60. 百步穿「羊」↓↓百步穿楊

五、部首——猜猜看

1. 出↓↓（　　）
2. 就↓↓（　　）
3. 尺↓↓（　　）
4. 世↓↓（　　）
5. 丟↓↓（　　）
6. 育↓↓（　　）
7. 丘↓↓（　　）
8. 整↓↓（　　）
9. 面↓↓（　　）
10. 務↓↓（　　）
11. 也↓↓（　　）
12. 良↓↓（　　）
13. 赤↓↓（　　）
14. 長↓↓（　　）
15. 麗↓↓（　　）
16. 鹽↓↓（　　）
17. 廿↓↓（　　）
18. 失↓↓（　　）
19. 矢↓↓（　　）
20. 午↓↓（　　）
21. 叛↓↓（　　）
22. 丫↓↓（　　）

23. 且 ↓ ↓ （ ）

24. 九 ↓ ↓ （ ）

25. 之 ↓ ↓ （ ）

26. 乳 ↓ ↓ （ ）

27. 井 ↓ ↓ （ ）

28. 鳳 ↓ ↓ （ ）

29. 凰 ↓ ↓ （ ）

30. 黎 ↓ ↓ （ ）

31. 龠 ↓ ↓ （ ）

32. 乒 ↓ ↓ （ ）

33. 乓 ↓ ↓ （ ）

34. 亞 ↓ ↓ （ ）

35. 黽 ↓ ↓ （ ）

36. 鬱 ↓ ↓ （ ）

37. 鬲 ↓ ↓ （ ）

38. 鼓 ↓ ↓ （ ）

39. 皇 ↓ ↓ （ ）

40. 直 ↓ ↓ （ ）

41. 成 ↓ ↓ （ ）

42. 相 ↓ ↓ （ ）

43. 丈 ↓ ↓ （ ）

44. 我 ↓ ↓ （ ）

45. 乘 ↓ ↓ （ ）

46. 丙 ↓ ↓ （ ）

47. 串 ↓ ↓ （ ）

48. 互 ↓ ↓ （ ）

49. 凸→→（　　）

50. 刁→→（　　）

51. 化→→（　　）

52. 比→→（　　）

53. 永→→（　　）

54. 冬→→（　　）

55. 斗→→（　　）

56. 年→→（　　）

57. 島→→（　　）

58. 巴→→（　　）

59. 卡→→（　　）

60. 危→→（　　）

答案

1. 出→→山
2. 就→→尢
3. 尺→→尸
4. 世→→一
5. 丟→→一
6. 育→→肉
7. 丘→→一
8. 整→→攴（攵）
9. 面→→面
10. 務→→力
11. 也→→乙
12. 良→→艮

13. 赤↓↓赤
14. 長↓↓長
15. 麗↓↓鹿
16. 鹽↓↓鹵
17. 廿↓↓廾
18. 失↓↓大
19. 矢↓↓矢
20. 午↓↓十
21. 叛↓↓又
22. 丫↓↓丨
23. 且↓↓一
24. 九↓↓乙
25. 之↓↓丿

26. 乳↓↓乙
27. 井↓↓二
28. 鳳↓↓鳥
29. 凰↓↓几
30. 黎↓↓黍
31. 龠↓↓龠
32. 乒↓↓丿
33. 乓↓↓丿
34. 亞↓↓二
35. 黽↓↓黽
36. 鬱↓↓鬯
37. 鬲↓↓鬲
38. 鼓↓↓鼓

39. 皇↓↓白

40. 直↓↓目

41. 成↓↓戈

42. 相↓↓目

43. 丈↓↓一

44. 我↓↓戈

45. 乘↓↓丿

46. 丙↓↓一

47. 串↓↓丨

48. 互↓↓二

49. 凸↓↓凵

50. 刁↓↓刀

51. 化↓↓匕

52. 比↓↓比

53. 永↓↓水

54. 冬↓↓冫

55. 斗↓↓斗

56. 年↓↓干

57. 島↓↓山

58. 巴↓↓己

59. 卡↓↓卜

60. 危↓↓卩

六、部首——拆字遊戲

在空格處填上一個字或一個部首，和中間的字組合之後，可變成另一個字。

（小叮嚀♥答案不只一個呦！）

魚

者

工

告

林

牛

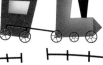

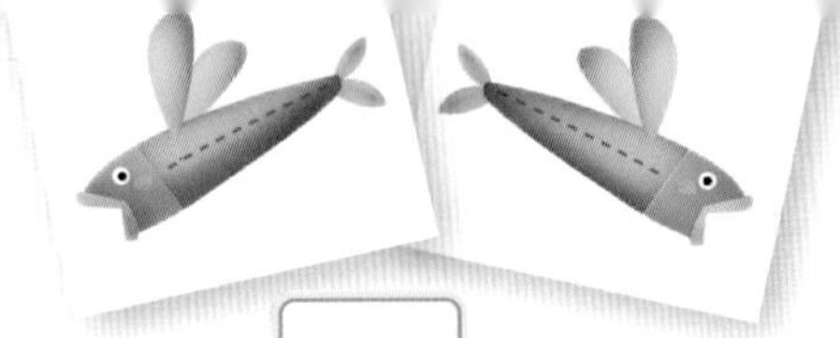

鹿　鳥　包

干　余　目

水　古　夕

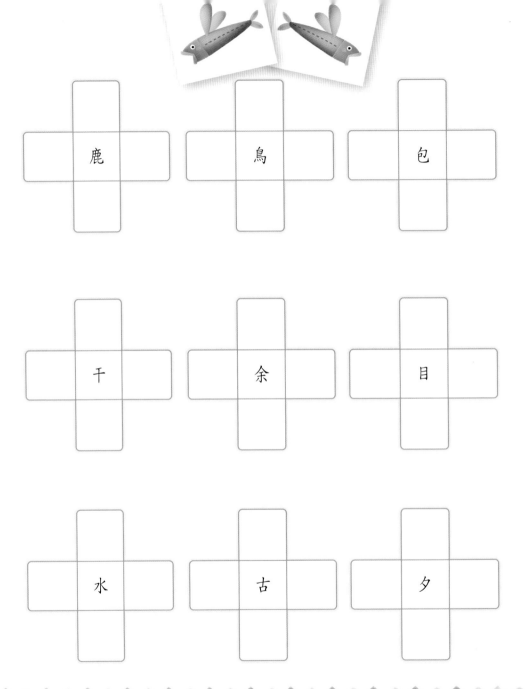

高	化	去
俞	台	九
音	止	勿

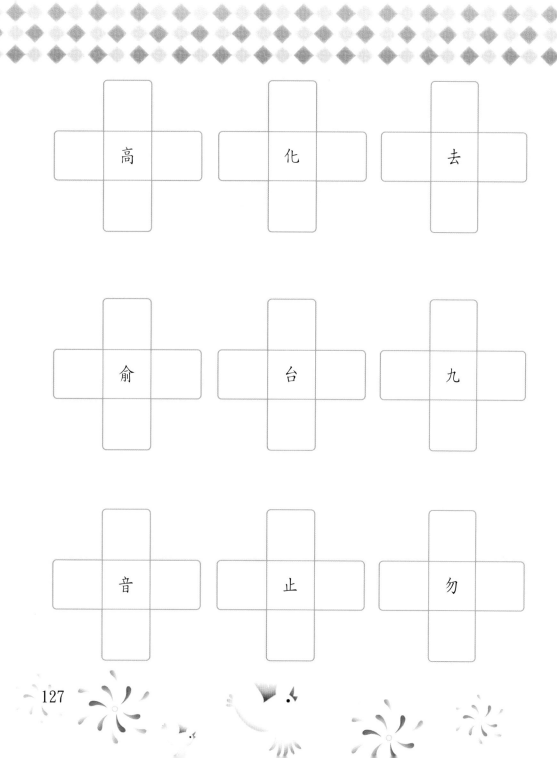

答案

	艹	
言	者	見
	灬	

	沙	
水	魚	羊
	日	

	穴	
白	告	鳥
	非	

	穴	
缶	工	頁
	貝	

	宀	
人	牛	勿
	一	

	雨	
王	林	彬
	火	

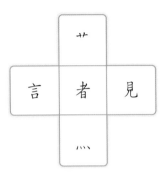

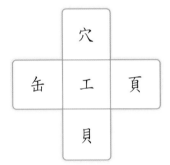

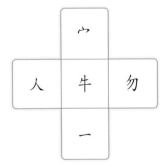

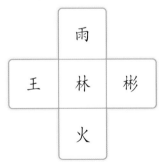

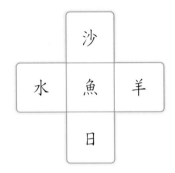

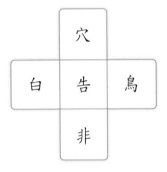

	林	
車	鹿	其
	米	

	路	
昔	鳥	它
	几	

	雨	
火	包	刂
	灬	

	竹	
水	干	頁
	一	

	艹	
食	余	攴
	田	

	亡	
木	目	青
	儿	

	白	
冫	水	其
	日	

	艹	
人	古	夂
	辛	

	夕	
石	夕	卜
	口	

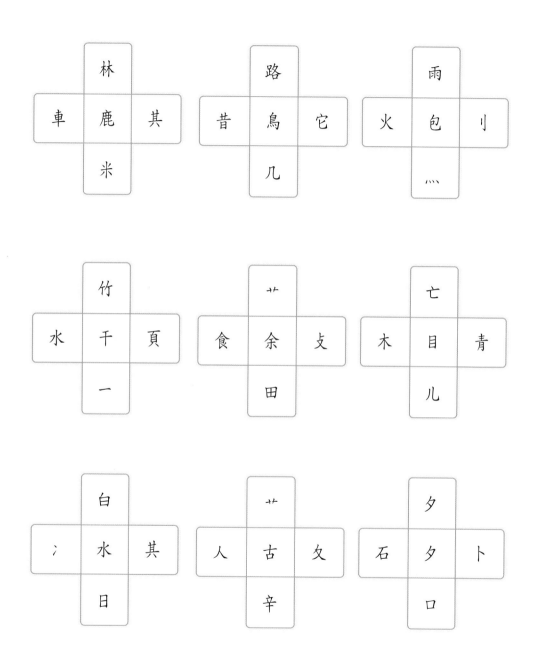

	山	
牛	高	攴
	月	

	艹	
言	化	頁
	貝	

	丿	
水	去	卩
	皿	

	穴	
言	俞	見
	心	

	竹	
歹	台	卩
	心	

	穴	
人	九	鳥
	日	

	窨	
日	音	員
	十	

	艹	
土	止	匕
	月	

	竹	
口	勿	刂
	心	

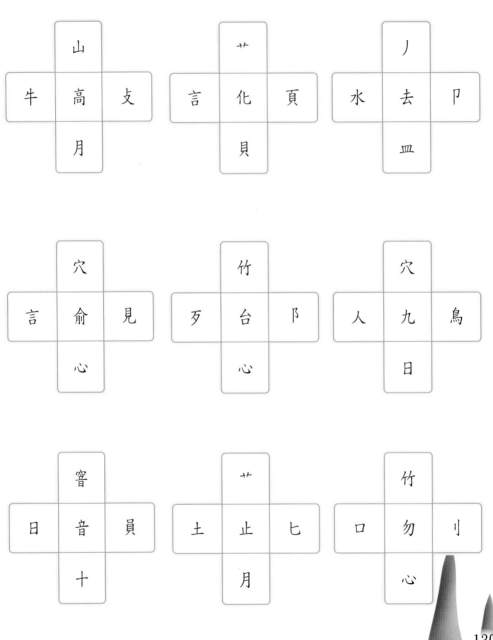

七、成語練習

(一)紙上植物園

在日常生活中，無論是透過談話、故事，或經由電視、書本，我們的腦海就像電腦一樣儲存了各式各樣的成語，今天我們以「植物」為範圍，下達指令，將腦海中所有關於「植物」的成語，全叫喚出來，接著再以造句或短文的方式，學習如何活用這些成語。

凡是成語中會出現的植物，都包含在今天的遊戲範圍中。

例如：

花　草　樹　木　芭　蒂　葉　果　朵　苗　英　華　枝　幹　根

柢　梢　梗　槃　梅　蘭　菊　蓮　梨　芙　蓉　荷　若　菲　蓬

蕙　桃　李　杏　竹　橘　枳　棗　桑　菅　苛　芒　荊　棘　茅

荏　芝　芸　艾　萍　蔚　華　藍　薰　松　柏　椿　槐　柯　楊

柳　栩　瓜　米　粱　豆　萁　藕　茶　蒜　菜　茹　荼　菁

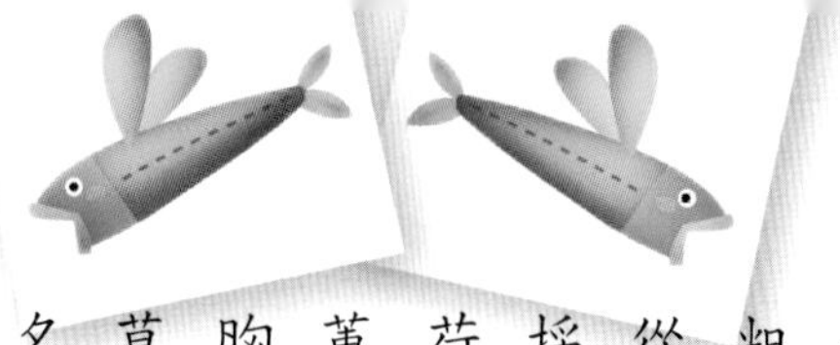

答案：

花團錦簇
含苞待放
大快朵頤
粗枝大葉
從中作梗
採菊東籬
荷槍實彈
蕙質蘭心
胸有成竹
草菅人命
名列前茅
方興未艾
藍田生玉
指桑罵槐
栩栩如生
煮豆燃萁
面有菜色

風行草偃
花開並蒂
苗而不秀
老幹新枝
盤根錯結
舌粲蓮花
若即若離
人面桃花
橘化作枳
苛政猛於虎
色厲內荏
萍水相逢
利慾薰心
南柯一夢
瓜田李下
藕斷絲連
茹毛飲血

樹大招風
一葉知秋
落英繽紛
根深柢固
望梅止渴
梨花帶雨
妄自菲薄
李代桃僵
囫圇吞棗
芒刺在背
芝蘭玉樹
蔚為奇觀
松柏長青
百步穿楊
魚米之鄉
粗茶淡飯
如火如茶

緣木求魚
自食其果
華而不實
喜上眉梢
金蘭之交
出水芙蓉
蓬頭垢面
杏林春滿
滄海桑田
披荊斬棘
芸芸眾生
華路藍縷
椿萱並茂
柳暗花明
黃粱一夢
雞毛蒜皮
去蕪存菁

（小叮嚀♥每一個植物不只一個成語，寫越多越好呦！）

(二) 造句

1. 緣木求魚、粗枝大葉
2. 火樹銀花、眼花撩亂
3. 入木三分、栩栩如生
4. 滄海桑田、南柯一夢
5. 利慾薰心、自食其果
6. 華而不實、一葉知秋
7. 盤根錯結、霧裡看花
8. 舌粲蓮花、天花亂墜
9. 芸芸眾生、萍水相逢
10. 胸有成竹、名列前茅

（三）成語解釋

1. 緣木求魚：做事的方法或方向不對，絕對無法成功。
2. 粗枝大葉：做事粗心大意。
3. 火樹銀花：形容煙火或燈海的璀璨之美。
4. 眼花撩亂：紛亂複雜的事物，令人看了目眩神迷。
5. 入木三分：書寫、繪畫得十分逼真而生動。
6. 栩栩如生：逼真、生動得好像活生生的一樣。
7. 滄海桑田：世事變遷極大，或者比喻經歷了許多的事故。
8. 南柯一夢：好似作了一場夢，又可比喻空歡喜一場。
9. 利慾薰心：為名利和慾望蒙蔽了原有善良的心志。
10. 自食其果：做了不好的事，自己承受所造的結果。
11. 華而不實：表面好看，卻沒有實在的內容。
12. 一葉知秋：由某些細微的跡象，就能判斷或預知事情的發展或變化。

13. 槃根錯結：事情複雜難解，一時之間難以理清。

14. 霧裡看花：被某些事物遮掩蒙蔽，看不清事情真相。

15. 舌粲蓮花：口才好，能言善道。

16. 天花亂墜：言詞巧妙，誇張動聽，但不切實際。

17. 芸芸眾生：世間所有生靈。

18. 萍水相逢：彼此不認識的人偶然相遇。

19. 胸有成竹：很有把握。

20. 名列前茅：成績優異，考試總是數一數二。

八、同義詞

1. 美麗→（　　　）
2. 英俊→（　　　）
3. 聰明→（　　　）
4. 貧窮→（　　　）
5. 害羞→（　　　）
6. 傷心→（　　　）
7. 快樂→（　　　）
8. 生氣→（　　　）
9. 害怕→（　　　）
10. 愛惜→（　　　）
11. 奇怪→（　　　）
12. 然後→（　　　）
13. 明白→（　　　）
14. 想念→（　　　）
15. 骯髒→（　　　）
16. 乾淨→（　　　）
17. 懶惰→（　　　）
18. 勤勞→（　　　）
19. 期望→（　　　）
20. 幫助→（　　　）

答案

1. 美麗→漂亮、標緻、貌美、嬌美、嫵媚、美妍……
2. 英俊→帥氣、俊秀、俊俏、俊美……
3. 聰明→伶俐、聰穎、聰慧、聰敏……
4. 貧窮→貧困、貧苦、貧寒、清苦、清寒……
5. 害羞→羞澀、羞怯、羞赧、臉紅……
6. 傷心→難過、悲傷、悲哀、悲慟、傷慟……
7. 快樂→開心、開懷、喜樂、喜悅、欣喜、歡喜、歡樂……
8. 生氣→憤怒、憤慨、憤懣、火大、冒火、光火、氣憤……
9. 害怕→恐懼、懼怕、畏懼、畏怯、膽寒、膽怯、怯懦……
10. 愛惜→珍惜、珍重、珍愛、珍視、寶貝、愛顧、愛護……
11. 奇怪→怪異、奇異、奇特、怪誕……
12. 然後→之後、接著、後來、再來……

13. 明白↓↓瞭解、明瞭、瞭然、知道、知曉、曉得……

14. 想念↓↓思念、懷念、懷想、緬懷……

15. 骯髒↓↓不潔、污垢、污穢、污濁、髒亂……

16. 乾淨↓↓潔淨、清潔、純淨、清淨……

17. 懶惰↓↓懶散、怠惰、散漫、懶怠……

18. 勤勞↓↓勤奮、勤快、勤勉、勤苦……

19. 期望↓↓期盼、盼望、期待、希望……

20. 幫助↓↓幫忙、助益、援助、聲援……

九、近義成語

1. 花容月貌→→（　　）
2. 英俊瀟灑→→（　　）
3. 家財萬貫→→（　　）
4. 一窮二白→→（　　）
5. 手不釋卷→→（　　）
6. 有志竟成→→（　　）
7. 半途而廢→→（　　）
8. 博學多聞→→（　　）
9. 井底之蛙→→（　　）
10. 夙夜匪懈→→（　　）

11. 漫不經心→→（　　）

12. 八拜之交→→（　　）

13. 聰明伶俐→→（　　）

14. 妄自尊大→→（　　）

15. 虛懷若谷→→（　　）

16. 門庭若市→→（　　）

17. 惡貫滿盈→→（　　）

18. 同流合污→→（　　）

19. 恩將仇報→→（　　）

20. 南柯一夢→→（　　）

答案

1. 花容月貌→→沉魚落雁、如花似玉、傾國傾城、出水芙蓉、閉月羞花。
2. 英俊瀟灑→→美如冠玉、潘安再世、風流倜儻、文質彬彬、白面書生。
3. 家財萬貫→→腰纏萬貫、富可敵國、錦衣玉食、香車寶馬、金玉滿堂。
4. 一窮二白→→家徒四壁、一貧如洗、捉襟見肘、牛衣對泣、窮愁潦倒。
5. 手不釋卷→→孜孜不倦、懸梁刺骨、焚膏繼晷、牛角掛書、囊螢照讀。
6. 有志竟成→→滴水穿石、鍥而不捨、磨杵成針、跬步千里、繩鋸木斷。
7. 半途而廢→→虎頭蛇尾、一暴十寒、功虧一簣、打退堂鼓、前功盡棄。

8. 博學多聞↓↓滿腹經綸、學富五車、博古通今、有腳書櫥、滿腹珠璣。

9. 井底之蛙↓↓以管窺天、一隅之見、以蠡測海、坐井觀天、一孔之見。

10. 夙夜匪懈↓↓披荊斬棘、披星戴月、餐風宿露、櫛風沐雨、鞠躬盡瘁。

11. 漫不經心↓↓粗枝大葉、掉以輕心、草草了事、虛應故事、視同兒戲。

12. 八拜之交↓↓刎頸之交、金蘭之交、莫逆之交、金石之交、總角之交。

13. 聰明伶俐↓↓足智多謀、聞一知十、舉一反三、神機妙算、過目不忘。

14. 妄自尊大↓↓目中無人、目空一切、頤指氣使、盛氣凌人、趾高氣揚。

15. 虛懷若谷↓↓謙謙君子、謙沖自牧、和光同塵、不露鋒芒、謙默自持。

16. 門庭若市→車水馬龍、川流不息、高朋滿座、熙來攘往、摩肩接踵。

17. 惡貫滿盈→令人髮指、天怒人怨、罪無可逭、天誅地滅、十惡不赦。

18. 同流合汙→沆瀣一氣、狼狽為奸、狐群狗黨、一丘之貉、助紂為虐。

19. 恩將仇報→過河拆橋、鳥盡弓藏、兔死狗烹、得魚忘筌、忘恩負義。

20. 南柯一夢→黃粱一夢、浮生若夢、鏡花水月、一枕黃粱、浮雲朝露。

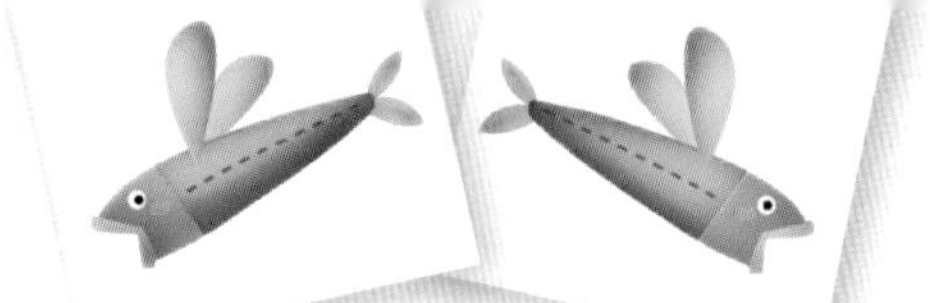

十、雙關語

雙關語常出現在我們的日常生活中，在寫作時，我們不時也會用到它，如果不明白它背後的喻義，那不僅會搞不清狀況、看不懂別人在寫甚麼，甚至還會鬧出笑話來，所以認識一些常用的雙關語，是有趣又實用的事。

所謂的雙關語，就是一個詞除了它表面的意思，另外還有一個大家約定俗成的意思在其中，有的雙關語還不止兩個意思，比如「黃牛」這個詞，它除了本義「黃色的牛」外，又還有「說話不算話、爽約」的意思，而在電影院先買票、再高價賣給懶得排隊的人，或者在監理所收錢幫人驗車通過的人，我們也都叫他們「黃牛」。

所以有的雙關語可能是三關語、四關語，這都沒關係，今天我們只要把這些不止字面上意思的詞給寫出來就可以了，不過「成語」除外，因為幾乎所有的「成語」都是相關語，若也把它列出來，那會寫不完的。

答案

黃牛　紅豆冰　夜貓子　開天窗　加油　炒魷魚
黑馬　冷板凳　鐵公雞　竹筍炒肉絲　三字經　泡湯
方便　短路　刮鬍子　招牌　白手套　放炮
桃花　廣播電台　牆頭草　石門水庫　好兄弟　兩把刷子
拍馬屁　將軍　長頸鹿　母老虎　花心　劈腿
咬耳朵　插花　牽手　花瓶　修理　收拾
火山爆發　吃蘿蔔乾　不倒翁　八卦　吃火鍋　掃把星
放電　紅色炸彈　完了　炒冷飯　大嘴巴　穿小鞋
下不了臺　紙老虎　財神爺　航空母艦　放水　走後門
潑冷水　扯後腿　冷凍　臭頭　烏賊　沙丁魚罐頭
斷線　黃色　金雞母　旱鴨子　油條　麻辣
壓馬路　水龍頭　開心果　金飯碗　鐵飯碗　縮水
充電　不定時炸彈　黑洞　杜鵑窩　算帳　露馬腳
肉麻　放手　心肝　白老鼠　金湯匙　三腳貓
烏龍　狗腿……

十一、色彩的描述

當我們在寫文章時，常會用到色彩來形容人事物，若只以單純的「紅橙黃綠藍靛紫」來描述，那就太單調了，就拿紅色來說，便有數十種不同的層次、不同的描述方法，今天我們就盡情的把這些可讓文章更五彩繽紛的形容詞一一列舉出來吧！

1. 紅↓↓（　　　　）
2. 黃↓↓（　　　　）
3. 綠↓↓（　　　　）
4. 藍↓↓（　　　　）
5. 白↓↓（　　　　）
6. 黑↓↓（　　　　）
7. 灰↓↓（　　　　）
8. 金↓↓（　　　　）
9. 銀↓↓（　　　　）
10. 褐↓↓（　　　　）
11. 其他↓↓（　　　　）

答案

1. 紅→↓朱紅、桃紅、酒紅、棗紅、大紅、豔紅、橘紅、火紅、喜紅、粉紅……
2. 黃→↓嫩黃、土黃、鵝黃、銘黃、亮黃、米黃、枯黃、螢光黃、乳黃……
3. 綠→↓翠綠、碧綠、石綠、墨綠、橄欖綠、草綠、湖綠、鮮綠、嫩綠……
4. 藍→↓玄青、水藍、海藍、天藍、蔚藍、湛藍、寶藍、藏青、孔雀藍……
5. 白→↓月白、米白、乳白、灰白、雪白、嫩白、慘白、蒼白、亮白……
6. 黑→↓黯黑、烏黑、墨黑、鴉黑、黝黑、亮黑、炭黑、焦黑、漆黑……
7. 灰→↓鐵灰、淺灰、深灰、銀灰……
8. 金→↓麥金、亮金、流金、白金……

9. 銀→白銀、白鐵銀……

10. 褐→可可、咖啡、棕、淺褐、深褐……

11. 其他→橘、紫、膚、古銅、青銅、香檳、秋香、肉、花……

十二、酸甜苦辣留言板

中國人在表達感情上是很含蓄的，總是羞於用肢體或語言表達自己心中的想法，因此常弄得自己很抑鬱，而旁人也不太知道你在害羞甚麼？又在氣甚麼、煩甚麼、傷心甚麼？今天我們提供的「酸甜苦辣留言板」，便可讓你有抒發的機會，把鬱積在心中早想吐露的話，以文字傾洩出來，它可能是表白、分享，也可以是抱怨、警告；對象包括了周遭的親朋好友，也包括了某個公眾人物，或身邊的動物同伴。

書寫時，可以用比較輕鬆的方式表達，尤其是抱怨及警告的部分，以幽默的態度書寫，不僅不傷感情，說不定在對方莞爾一笑後，還真的能達到改善的成效喲！還有，既然它不是書信，那就以比較簡短的方式寫下它吧！

舉例：

（一）

親愛的老爸：

答應我的事請您做到好嗎？您知道「食言而肥」這成語嗎？別讓我一天到晚耽心您的體重呀！

憂心忡忡的女兒留

（二）

敬愛的老哥：

你每天辛苦「挖礦」，實在令人佩服！但當你「挖礦」完工時，拜託！請不要用彈指神功處理你的「寶礦」好嗎？

怕被流彈波及的老弟留

（三）

給「戳戳樂」同學：

你坐在後面不代表就可以天天以戳我為樂呀！借橡皮擦也戳、借衛生紙也戳、老師問個問題也戳，連說悄悄話也戳，而且你的話還不是普通的多。

也許這是你表達親膩的方式，但是我已經快像千瘡百孔的起司了，你知道嗎？

瀕臨崩潰的前座同學留

（四）

給家裡的臭咪咪：

我知道天冷了，你需要人抱，但為甚麼每次都要在我身上踏步踏？

我不是你的腳踏墊呀！

百思不解的咪咪姐留

（五）

諸位候選人：

你們真的覺得全臺灣的人都耳背了嗎？宣傳車喇叭這麼大聲，你們是在選立委？還是在選大聲公？你們真的以為吼得越大聲，就越多人選你們嗎？我看是適得其反，所以像你們這樣腦袋不清楚的人，誰敢選你們呀！

常在午睡中被驚醒的小老百姓留

筆記

詞在有意思1
露馬腳，
皇后不能說的祕密！

作　者　周姚萍
書　號　YX21
頁　數　216頁
裝　幀　20開本（23CM長＊17CM寬）／平裝
　　　　雙色精美印刷
版　次　106年6月2版1刷
定　價　二五〇元

獎　**榮獲文化部第34次中小學生優良課外讀物推介**

- 史上第一「千金」為什麼是浣紗姑娘？
- 你知道哪個文人愛用「白眼」看人嗎？
- 為什麼唐太宗逼大臣的老婆「吃醋」？
- 古人如何利用「袖珍」作弊？
- 為什麼「碰釘子」是比喻遭遇挫折？
- 念你，念你，為什麼多情男要送「翹楚」給意中人？
- 「露馬腳」，朱元璋的老婆到底隱藏了什麼祕密？

詞在有意思2
項羽，分杯羹給我吧！

作　者　周姚萍
書　號　1AA5
頁　數　216頁
裝　幀　20開本（23CM長＊17CM寬）／平裝
　　　　雙色精美印刷
版　次　100年12月初版1刷
定　價　二三〇元

獎　榮獲文化部第３４次中小學生優良課外讀物推介

- 「三寸不爛之舌」到底有多厲害？
- 項羽煮什麼羹，劉邦想「分杯羹」？
- 中國經典文學中，誰有「及時雨」的雅號，媲美超人？
- 「太歲頭上動土」，為什麼是好大的膽子？
- 「打秋風」，要有什麼技巧？
- 咦，「吃閉門羹」也要分等級？
- 為什麼官員戴上「烏紗帽」，誰也不敢聊天？

國家圖書館出版品預行編目(CIP)資料

朱天衣創意玩作文有聲書1：享受與文字玩遊戲的快樂／朱天衣著. ——初版. ——臺北市：五南，民101.06

面； 公分

ISBN 978-957-11-6658-2（平裝）

1.漢語教學 2.作文 3.寫作法 4.小學教學

523.313 101007510

朱天衣創意玩作文有聲書1
享受與文字玩遊戲的快樂

作者 朱天衣
總經理 楊士清
副總編輯 黃文瓊
美術設計 吳佳臻
出版者 五南圖書出版股份有限公司
發行人 楊榮川
地址：台北市大安區 106 和平東路二段三三九號四樓
電話：○二－二七○五五○六六（代表號）
傳真：○二－二七○六六一○○
郵政劃撥：○一○六八九五－三
網址：http://www.wunan.com.tw
電子信箱：wunan@wunan.com.tw
顧問 林勝安律師事務所 林勝安律師
版刷 中華民國一○一年六月初版一刷
中華民國一○八年六月初版二刷
定價 三二○元

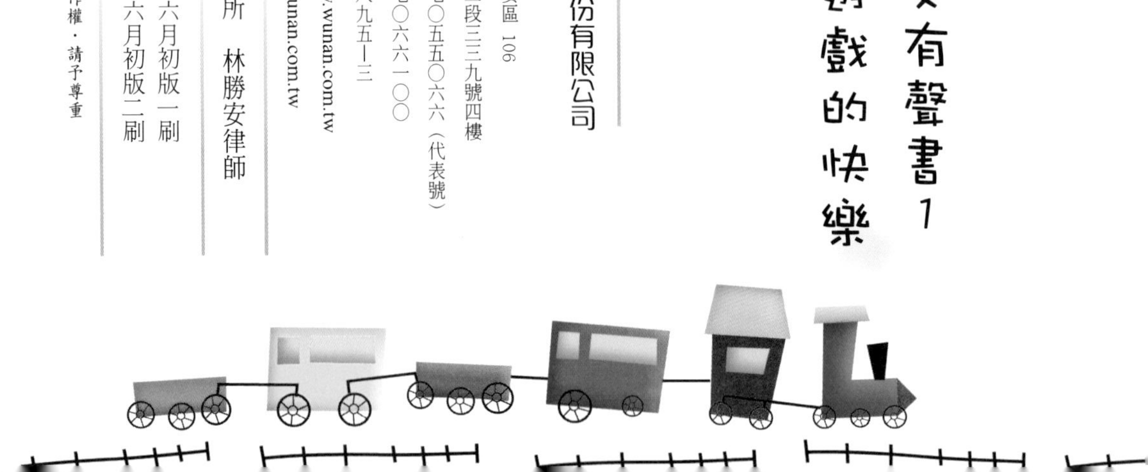